饲料添加剂和添加剂预混合饲料生产许可证获证企业名录

(2012)

全国饲料工作办公室
中国饲料工业协会 编

中国农业出版社

编 委 会 名 单

前　　言

我国实施饲料添加剂和添加剂预混合饲料生产许可证制度以来，对于规范企业生产经营活动，维护市场秩序，保证饲料产品质量安全发挥了重要作用。然而，近年来仿冒、盗用生产许可证，使用过期生产证可证，超许可范围生产等现象时有发生，影响了我国饲料行业的健康发展，损害了饲料企业和广大养殖者的合法权益。为了进一步维护行业秩序，指导广大饲料企业、养殖场（户）选择合规企业生产的饲料产品，我们编辑出版了《饲料添加剂和添加剂预混合饲料生产许可证获证企业名录（2012）》。

本书收录了2012年农业部批准核发的饲料添加剂和添加剂预混合饲料生产许可证获证企业信息，内容主要包括获证企业名称、许可证编号、注册地址、生产地址、有效期、发证日期和批准产品等。

由于时间仓促，不当之处在所难免，敬请广大读者批评指正。

全国饲料工作办公室

中国饲料工业协会

2013年11月

目　录

饲料添加剂生产许可证获证企业

添加剂预混合饲料生产许可证获证企业

北 京 市

北京绿普信科生物科技有限责任公司

许可证编号：饲预（2012）2970
注 册 地 址：北京市昌平区崔村镇西辛峰工业区
生 产 地 址：北京市昌平区崔村镇西辛峰工业区
有　效　期：2012 年 12 月 18 日至 2017 年 12 月 17 日
发 证 日 期：2012 - 12 - 18

北京康华远景科技有限公司

许可证编号：饲预（2012）2766
注 册 地 址：北京市海淀区上地东路 1 号院 5 号楼 603 - 1 室
生 产 地 址：北京大兴区魏善庄镇大狼垡村北
有　效　期：2012 年 12 月 18 日至 2017 年 12 月 17 日
发 证 日 期：2012 - 12 - 18

北京市富英生物高技术公司

许可证编号：饲预（2012）6803
注 册 地 址：北京市海淀区上地东路 29 号 2B 综合楼 6 层
生 产 地 址：北京市昌平区阳坊镇阳坊村
有　效　期：2012 年 12 月 18 日至 2017 年 12 月 17 日
发 证 日 期：2012 - 12 - 18

北京华益源科技发展有限公司

许可证编号：饲预（2012）6775
注 册 地 址：北京市昌平区百善镇百善村西
生 产 地 址：北京市昌平区百善镇百善村西
有　效　期：2012 年 10 月 17 日至 2017 年 10 月 16 日
发 证 日 期：2012 - 10 - 17

北京科丰益源科技有限公司

许可证编号：饲预（2012）2765
注 册 地 址：北京市海淀区上地信息路 15 号 405 室
生 产 地 址：北京市昌平区阳坊镇后白虎涧村
有　效　期：2012 年 09 月 03 日至 2017 年 09 月 02 日
发 证 日 期：2012 - 09 - 03

北京浩邈汇丰医药科技有限公司

许可证编号：饲预（2012）6825
注 册 地 址：北京市经济技术开发区荣华中路 15 号 1 号楼 708 室
生 产 地 址：北京市经济技术开发区荣华中路 15 号 1 号楼 708 室
有　效　期：2012 年 12 月 18 日至 2017 年 12 月 17 日
发 证 日 期：2012 - 12 - 18

北京申跃饲料有限责任公司

许可证编号：饲预（2012）2828
注 册 地 址：北京市平谷区东高村镇大旺务西路 30 号
生 产 地 址：北京市平谷区东高村镇大旺务西路 30 号
有　效　期：2012 年 12 月 18 日至 2017 年 12 月 17 日
发 证 日 期：2012 - 12 - 18

北京嘉禾利华饲料有限公司

许可证编号：饲预（2012）2830
注 册 地 址：北京市大兴区长子营镇留民营生态农场内
生 产 地 址：北京市大兴区长子营镇留民营生态农场内
有　效　期：2012 年 10 月 17 日至 2017 年 10 月 16 日
发 证 日 期：2012 - 10 - 17

北京川新佳牧饲料有限公司

许可证编号：饲预（2012）2730
注 册 地 址：北京市通州区宋庄镇邢各庄村
生 产 地 址：北京市通州区宋庄镇邢各庄村
有　效　期：2012 年 09 月 03 日至 2017 年 09 月 02 日
发 证 日 期：2012 - 09 - 03

北京科恩柯生物科技有限公司

许可证编号：饲预（2012）5104
注 册 地 址：北京市昌平区流村镇西峰山村供销社旧址大院内
生 产 地 址：北京市昌平区流村镇西峰山村供销社旧址大院内
有　效　期：2012 年 07 月 09 日至 2017 年 07 月 08 日
发 证 日 期：2012 - 07 - 09

北京三好伟业饲料有限公司
许可证编号：饲预（2012）2554
注 册 地 址：北京市顺义区大孙各庄镇客家庄村
生 产 地 址：北京市顺义区大孙各庄镇客家庄村
有　效　期：2012年10月17日至2017年10月16日
发 证 日 期：2012-10-17

上海新中牧饲料有限公司北京分公司
许可证编号：饲预（2012）4001
注 册 地 址：北京市平谷区东高村镇前台头村东30米
生 产 地 址：北京市平谷区东高村镇前台头村东30米
有　效　期：2012年07月09日至2017年07月08日
发 证 日 期：2012-07-09

北京市金闰牧丰生物营养科技有限公司
许可证编号：饲预（2012）6744
注 册 地 址：北京市平谷区夏各庄镇陈太务村北68号
生 产 地 址：北京市平谷区夏各庄镇陈太务村北68号
有　效　期：2012年09月03日至2017年09月02日
发 证 日 期：2012-09-03

北京协美爱农饲料有限公司
许可证编号：饲预（2012）2764
注 册 地 址：北京市顺义区大孙各庄镇四福庄村
生 产 地 址：北京市顺义区大孙各庄镇四福庄村
有　效　期：2012年09月03日至2017年09月02日
发 证 日 期：2012-09-03

联合万家（北京）生物科技有限公司
许可证编号：饲预（2012）4930
注 册 地 址：北京市通州区马驹桥镇大杜社村村委会西800米
生 产 地 址：北京市通州区马驹桥镇大杜社村村委会西800米
有　效　期：2012年06月11日至2017年06月10日
发 证 日 期：2012-06-11

威艾彼（北京）农牧科技有限公司
许可证编号：饲预（2012）6765
注 册 地 址：北京市大兴区青云店镇小谷店村村委会西100米
生 产 地 址：北京市大兴区青云店镇小谷店村村委会西100米
有　效　期：2012年10月17日至2017年10月16日
发 证 日 期：2012-10-17

北京联成天下农牧科技有限公司
许可证编号：饲预（2012）5233
注 册 地 址：北京市大兴区黄村镇西庄新发路18号-乙
生 产 地 址：北京市大兴区新建工业开发区二区6号
有　效　期：2012年10月17日至2017年10月16日
发 证 日 期：2012-10-17

北京荣达兴饲料技术有限公司
许可证编号：饲预（2012）2758
注 册 地 址：北京市大兴区黄村镇周村中街东500米
生 产 地 址：北京市大兴区黄村镇周村中街东500米
有　效　期：2012年10月17日至2017年10月16日
发 证 日 期：2012-10-17

北京康尔佳科技发展有限公司
许可证编号：饲预（2012）6774
注 册 地 址：北京市大兴区天宫院村村委会东200米
生 产 地 址：北京市大兴区北臧村镇梨园村村委会南500米
有　效　期：2012年10月17日至2017年10月16日
发 证 日 期：：2012-10-17

北京中博特生物技术工程有限公司
许可证编号：饲预（2012）6625
注 册 地 址：北京市海淀区上地七街1号2号楼610室
生 产 地 址：北京市通州区宋庄镇任庄工业园区
有　效　期：2012年06月11日至2017年06月10日
发 证 日 期：2012-06-11

光大畜牧（北京）有限公司
许可证编号：饲预（2012）4083
注 册 地 址：北京市顺义区大孙各庄镇王户庄村吉祥路20号
生 产 地 址：北京市顺义区大孙各庄镇王户庄村吉祥路20号
有　效　期：2012年04月17日至2017年04月16日
发 证 日 期：2012-04-17

北京中科万联科技有限公司
许可证编号：饲预（2012）6512
注 册 地 址：北京市海淀区上地十街辉煌国际大厦4号楼1007
生 产 地 址：北京市大兴区魏善庄镇岳家务村
有　效　期：2012年03月07日至2017年03月06日
发 证 日 期：2012-03-07

北京泰和祥瑞科技有限公司
许可证编号：饲预（2012）6567
注 册 地 址：北京市昌平区崔村镇西辛峰村南十区 B 八号
生 产 地 址：北京市昌平区崔村镇西辛峰工业区
有　效　期：2012 年 04 月 17 日至 2017 年 04 月 16 日
发 证 日 期：2012 - 04 - 17

北京京成天宝饲料有限公司
许可证编号：饲预（2012）6509
注 册 地 址：北京市顺义区南彩镇顺平辅路南彩段 33 号
生 产 地 址：北京市顺义区南彩镇顺平辅路南彩段 33 号
有　效　期：2012 年 03 月 07 日至 2017 年 03 月 06 日
发 证 日 期：2012 - 03 - 07

北京同力兴科农业科技有限公司平谷分公司
许可证编号：饲预（2012）6499
注 册 地 址：北京市平谷区东高村镇大旺务西路 23 号
生 产 地 址：北京市平谷区东高村镇大旺务西路 23 号
有　效　期：2012 年 01 月 13 日至 2017 年 01 月 12 日
发 证 日 期：2012 - 01 - 13

北京天康正源生物技术有限公司
许可证编号：饲预（2012）6460
注 册 地 址：北京市延庆县永宁镇昌赤路 10 号
生 产 地 址：北京市延庆县永宁镇昌赤路 10 号
有　效　期：2012 年 01 月 13 日至 2017 年 01 月 12 日
发 证 日 期：2012 - 01 - 13

北京劲能生物科技股份公司
许可证编号：饲预（2012）6508
注 册 地 址：北京市海淀区中关村南大街 12 号培训中心 512
生 产 地 址：北京市大兴区北臧村镇经四路 16 号
有　效　期：2012 年 03 月 07 日至 2017 年 03 月 06 日
发 证 日 期：2012 - 03 - 07

北京谷昌牧科贸有限公司
许可证编号：饲预（2012）6507
注 册 地 址：北京市丰台区槐房通久路 2 号
生 产 地 址：北京市丰台区槐房通久路 2 号
有　效　期：2012 年 03 月 07 日至 2017 年 03 月 06 日
发 证 日 期：2012 - 03 - 07

北京安瑞博特生物技术有限公司
许可证编号：饲预（2012）6546
注 册 地 址：北京市密云县溪翁庄镇溪翁庄村南 100 米
生 产 地 址：北京市密云县溪翁庄镇溪翁庄村南 100 米
有　效　期：2012 年 04 月 17 日至 2017 年 04 月 16 日
发 证 日 期：2012 - 04 - 17

北京南海汇川饲料有限公司
许可证编号：饲预（2012）2727
注 册 地 址：北京市顺义区南彩镇南彩村
生 产 地 址：北京市顺义区南彩镇南彩村
有　效　期：2012 年 07 月 09 日至 2017 年 07 月 08 日
发 证 日 期：2012 - 07 - 09

天　津　市

天津市永昌饲料添加剂厂
许可证编号：饲预（2012）6729
注 册 地 址：天津市蓟县经济开发区西一公里处
生 产 地 址：天津市蓟县经济开发区西一公里处
有　效　期：2012 年 07 月 09 日至 2017 年 07 月 08 日
发 证 日 期：2012 - 07 - 09

天津市元亨生物饲料添加剂有限公司
许可证编号：饲预（2012）4840
注 册 地 址：天津市静海县静海镇东五里村九区八排
生 产 地 址：天津市静海县静海镇东五里村九区八排
有　效　期：2012 年 06 月 11 日至 2017 年 06 月 10 日
发 证 日 期：2012 - 06 - 11

中农高科（天津）饲料有限公司
许可证编号：饲预（2012）5718
注 册 地 址：天津市西青区辛口镇王家村青沙路 1 号
生 产 地 址：天津市西青区辛口镇王家村青沙路 1 号
有　效　期：2012 年 06 月 11 日至 2017 年 06 月 10 日
发 证 日 期：2012 - 06 - 11

天津全药动物保健品有限公司
许可证编号：饲预（2012）2771
注 册 地 址：天津市经济技术开发区第八大街睦宁路 81 号
生 产 地 址：天津市经济技术开发区第八大街睦宁路 81 号
有　效　期：2012 年 10 月 17 日至 2017 年 10 月 16 日
发 证 日 期：2012 - 10 - 17

天津市泰康饲料厂
许可证编号：饲预（2012）2990
注 册 地 址：天津市宁河县东棘坨镇政府对面
生 产 地 址：天津市宁河县东棘坨镇政府对面
有　效　期：2012 年 06 月 11 日至 2017 年 06 月 10 日
发 证 日 期：2012 - 06 - 11

天津北英伟生物技术饲料有限公司
许可证编号：饲预（2012）2728
注 册 地 址：天津市东丽开发区丽北路 7 号
生 产 地 址：天津市东丽开发区丽北路 7 号
有　效　期：2012 年 04 月 17 日至 2017 年 04 月 16 日
发 证 日 期：2012 - 04 - 17

希杰（天津）饲料有限公司
许可证编号：饲预（2012）4940
注 册 地 址：天津市静海经济开发区新区
生 产 地 址：天津市静海经济开发区新区
有　效　期：2012 年 04 月 17 日至 2017 年 04 月 16 日
发 证 日 期：2012 - 04 - 17

格特生物制药（天津）有限公司
许可证编号：饲预（2012）4776
注 册 地 址：天津市天津新技术产业园区北辰科技工业园
生 产 地 址：天津市天津新技术产业园区北辰科技工业园
有　效　期：2012 年 01 月 13 日至 2017 年 01 月 12 日
发 证 日 期：2012 - 01 - 13

天津市晨辉饲料有限公司
许可证编号：饲预（2012）6551
注 册 地 址：天津市宝坻区周良庄镇柴家铺村
生 产 地 址：天津市宝坻区周良庄镇柴家铺村
有　效　期：2012 年 04 月 17 日至 2017 年 04 月 16 日
发 证 日 期：2012 - 04 - 17

天津广元通佳饲料有限公司
许可证编号：饲预（2012）3080
注 册 地 址：天津市北辰区双口镇岔房村津霸公路北
生 产 地 址：天津市北辰区双口镇岔房村津霸公路北
有　效　期：2012 年 04 月 17 日至 2017 年 04 月 16 日
发 证 日 期：2012 - 04 - 17

天津开发区金秋饲料科技有限公司北辰分公司
许可证编号：饲预（2012）6552
注 册 地 址：天津市北辰区津霸路 24.5 公里（66356 部队院内）
生 产 地 址：天津市北辰区津霸路 24.5 公里（66356 部队院内）
有　效　期：2012 年 04 月 17 日至 2017 年 04 月 16 日
发 证 日 期：2012 - 04 - 17

河　北　省

廊坊瑞康饲料有限公司
许可证编号：饲预（2012）6822
注 册 地 址：河北省廊坊市经济开发区祥云路广阳道
生 产 地 址：河北省廊坊市经济开发区祥云路广阳道
有　效　期：2012 年 12 月 18 日至 2017 年 12 月 17 日
发 证 日 期：2012 - 12 - 18

廊坊市稷东农业开发有限公司饲料分公司
许可证编号：饲预（2012）6823
注 册 地 址：河北省廊坊市广阳区北旺乡供电所南院
生 产 地 址：河北省廊坊市广阳区北旺乡供电所南院
有　效　期：2012 年 12 月 18 日至 2017 年 12 月 17 日
发 证 日 期：2012 - 12 - 18

固安君德同创生物工程有限公司
许可证编号：饲预（2012）6821
注 册 地 址：河北省廊坊市固安县工业园区南区
生 产 地 址：河北省廊坊市固安县工业园区南区
有　效　期：2012 年 12 月 18 日至 2017 年 12 月 17 日
发 证 日 期：2012 - 12 - 18

藁城市四海药业有限公司
许可证编号：饲预（2012）6813
注 册 地 址：河北省石家庄市藁城市贾市庄工业园
生 产 地 址：河北省石家庄市藁城市贾市庄工业园
有　效　期：2012 年 12 月 18 日至 2017 年 12 月 17 日
发 证 日 期：2012 - 12 - 18

沧州市合众生物科技有限公司
许可证编号：饲预（2012）6791
注 册 地 址：河北省沧州市西砖河工业园
生 产 地 址：河北省沧州市西砖河工业园
有　效　期：2012年10月17日至2017年10月16日
发 证 日 期：2012-10-17

沧州市鸿鹄饲料有限公司
许可证编号：饲预（2012）6732
注 册 地 址：河北省沧州市运河区小王庄镇大孔辛庄
生 产 地 址：河北省沧州市运河区小王庄镇大孔辛庄
有　效　期：2012年09月03日至2017年09月02日
发 证 日 期：2012-09-03

海兴优艾特生物制品有限公司
许可证编号：饲预（2012）5138
注 册 地 址：河北省沧州市海兴县香坊乡朱王村
生 产 地 址：河北省沧州市海兴县香坊乡朱王村
有　效　期：2012年09月03日至2017年09月02日
发 证 日 期：2012-09-03

河北一兽药业有限公司
许可证编号：饲预（2012）2890
注 册 地 址：河北省石家庄市和平西路638号
生 产 地 址：河北省石家庄市和平西路638号
有　效　期：2012年09月03日至2017年09月02日
发 证 日 期：2012-09-03

保定市海宝饲料厂
许可证编号：饲预（2012）6706
注 册 地 址：河北省保定市莲池南大街2388号
生 产 地 址：河北省保定市莲池南大街2388号
有　效　期：2012年07月09日至2017年07月08日
发 证 日 期：2012-07-09

保定市满城长天饲料厂
许可证编号：饲预（2012）6695
注 册 地 址：河北省保定市满城县燕赵街
生 产 地 址：河北省保定市满城县燕赵街
有　效　期：2012年07月09日至2017年07月08日
发 证 日 期：2012-07-09

河北诚康药业有限公司
许可证编号：饲预（2012）6733
注 册 地 址：河北省沧州市孟村回族自治县卜老桥工业区
生 产 地 址：河北省沧州市孟村回族自治县卜老桥工业区
有　效　期：2012年09月03日至2017年09月02日
发 证 日 期：2012-09-03

石家庄广威农牧有限公司
许可证编号：饲预（2012）6734
注 册 地 址：河北省石家庄市无极县北苏镇北苏村
生 产 地 址：河北省石家庄市无极县北苏镇北苏村
有　效　期：2012年09月03日至2017年09月02日
发 证 日 期：2012-09-03

保定冀中动物保健品有限公司
许可证编号：饲预（2012）3783
注 册 地 址：河北省保定市高阳迎宾路
生 产 地 址：河北省保定市高阳迎宾路
有　效　期：2012年09月03日至2017年09月02日
发 证 日 期：2012-09-03

固安桑普生化技术有限公司
许可证编号：饲预（2012）5077
注 册 地 址：河北省廊坊市固安县渠沟村南
生 产 地 址：河北省廊坊市固安县渠沟村南
有　效　期：2012年07月09日至2017年07月08日
发 证 日 期：2012-07-09

石家庄市恒特饲料添加剂厂
许可证编号：饲预（2012）6696
注 册 地 址：河北省藁城市南孟镇贤庄
生 产 地 址：河北省藁城市南孟镇贤庄
有　效　期：2012年07月09日至2017年07月08日
发 证 日 期：2012-07-09

故城县佳宝化工有限公司
许可证编号：饲预（2012）6694
注 册 地 址：河北省故城县夏庄乡项目开发区电厂路南杨庄大街西
生 产 地 址：河北省故城县夏庄乡项目开发区电厂路南杨庄大街西
有　效　期：2012年07月09日至2017年07月08日
发 证 日 期：2012-07-09

玉田县绿源饲料厂
许可证编号：饲预（2012）5067
注 册 地 址：河北省玉田县玉田镇八里庄
生 产 地 址：河北省玉田县玉田镇八里庄
有　效　期：2012 年 10 月 17 日至 2017 年 10 月 16 日
发 证 日 期：2012 - 10 - 17

河北中贝佳美生物科技有限公司
许可证编号：饲预（2012）5083
注 册 地 址：河北省赞皇县五马山工业区
生 产 地 址：河北省赞皇县五马山工业区
有　效　期：2012 年 10 月 17 日至 2017 年 10 月 16 日
发 证 日 期：2012 - 10 - 17

沧州市大地草业中心
许可证编号：饲预（2012）0660
注 册 地 址：河北省沧州市东外环中路
生 产 地 址：河北省沧州市东外环
有　效　期：2012 年 10 月 17 日至 2017 年 10 月 16 日
发 证 日 期：2012 - 10 - 17

河北万雉园农牧科技有限公司
许可证编号：饲预（2012）6790
注 册 地 址：河北省泊头市工业区
生 产 地 址：河北省泊头市工业区
有　效　期：2012 年 10 月 17 日至 2017 年 10 月 16 日
发 证 日 期：2012 - 10 - 17

沧州欣德威兽药有限公司
许可证编号：饲预（2012）6792
注 册 地 址：河北省沧州市运西张庄子 307 国道北
生 产 地 址：河北省沧州市运西张庄子 307 国道北
有　效　期：2012 年 10 月 17 日至 2017 年 10 月 16 日
发 证 日 期：2012 - 10 - 17

高碑店市世纪毅佳饲料有限责任公司
许可证编号：饲预（2012）5263
注 册 地 址：河北省高碑店市团结东路 166 号
生 产 地 址：河北省高碑店市团结东路 166 号
有　效　期：2012 年 07 月 09 日至 2017 年 07 月 08 日
发 证 日 期：2012 - 07 - 09

石家庄市天元药业有限公司
许可证编号：饲预（2012）5164
注 册 地 址：河北省鹿泉高新区昌盛大街 34 号
生 产 地 址：河北省鹿泉高新区昌盛大街 34 号
有　效　期：2012 年 07 月 09 日至 2017 年 07 月 08 日
发 证 日 期：2012 - 07 - 09

唐山福心饲料有限公司
许可证编号：饲预（2012）5066
注 册 地 址：河北省玉田县北环东入口西行 1 公里
生 产 地 址：河北省玉田县北环东入口西行 1 公里
有　效　期：2012 年 10 月 17 日至 2017 年 10 月 16 日
发 证 日 期：2012 - 10 - 17

唐山中红三融畜禽有限公司饲料分公司
许可证编号：饲预（2012）2994
注 册 地 址：河北省滦南县城关新立庄
生 产 地 址：河北省滦南县城关新立庄
有　效　期：2012 年 10 月 17 日至 2017 年 10 月 16 日
发 证 日 期：2012 - 10 - 17

沧州市百分百生物科技有限公司
许可证编号：饲预（2012）3467
注 册 地 址：河北省沧州市沧东工业园
生 产 地 址：河北省沧州市沧东工业园
有　效　期：2012 年 10 月 17 日至 2017 年 10 月 16 日
发 证 日 期：2012 - 10 - 17

沧州市中信生物科技有限公司
许可证编号：饲预（2012）6794
注 册 地 址：河北省沧县姚官屯工业区
生 产 地 址：河北省沧县姚官屯工业区
有　效　期：2012 年 10 月 17 日至 2017 年 10 月 16 日
发 证 日 期：2012 - 10 - 17

沧州宏伟饲料有限公司
许可证编号：饲预（2012）6793
注 册 地 址：河北省沧州市开发区小园
生 产 地 址：河北省沧州市开发区小园
有　效　期：2012 年 10 月 17 日至 2017 年 10 月 16 日
发 证 日 期：2012 - 10 - 17

石家庄石牧动物药业有限公司
许可证编号：饲预（2012）0695
注 册 地 址：河北省鹿泉市上庄镇工贸小区南区
生 产 地 址：河北省鹿泉市上庄镇工贸小区南区
有　效　期：2012 年 07 月 09 日至 2017 年 07 月 08 日
发 证 日 期：2012 - 07 - 09

鹿泉市德昌饲料有限公司
许可证编号：饲预（2012）5305
注 册 地 址：河北省鹿泉市寺家庄镇岗上村
生 产 地 址：河北省鹿泉市寺家庄镇岗上村
有　效　期：2012 年 07 月 09 日至 2017 年 07 月 08 日
发 证 日 期：2012 - 07 - 09

河北润普兽药有限公司
许可证编号：饲预（2012）5081
注 册 地 址：河北省石家庄市长安区东杜庄工业园 188 号
生 产 地 址：河北省石家庄市长安区东杜庄工业园 188 号
有 效 期：2012 年 07 月 09 日至 2017 年 07 月 08 日
发 证 日 期：2012-07-09

河北万东生物科技有限公司
许可证编号：饲预（2012）6693
注 册 地 址：河北省辛集经济开发区火炬路 1 号
生 产 地 址：河北省辛集经济开发区火炬路 1 号
有 效 期：2012 年 07 月 09 日至 2017 年 07 月 08 日
发 证 日 期：2012-07-09

河北衡水老白干酒业股份有限公司兴亚饲料分公司
许可证编号：饲预（2012）2370
注 册 地 址：河北省衡水市红旗大街 119 号
生 产 地 址：河北省衡水市红旗大街 119 号
有 效 期：2012 年 06 月 11 日至 2017 年 06 月 10 日
发 证 日 期：2012-06-11

河北新龙饲料有限公司
许可证编号：饲预（2012）6642
注 册 地 址：河北省石家庄市正定经济园区 6 号
生 产 地 址：河北省石家庄市正定经济园区 6 号
有 效 期：2012 年 06 月 11 日至 2017 年 06 月 10 日
发 证 日 期：2012-06-11

石家庄市一诺动物药业有限公司
许可证编号：饲预（2012）6763
注 册 地 址：河北省藁城市廉州镇表灵村
生 产 地 址：河北省藁城市廉州镇表灵村
有 效 期：2012 年 09 月 03 日至 2017 年 09 月 02 日
发 证 日 期：2012-09-03

石家庄华仁饲料有限公司
许可证编号：饲预（2012）6652
注 册 地 址：河北省石家庄市兽药市场七区十五号
生 产 地 址：河北省石家庄市北外环东路
有 效 期：2012 年 06 月 11 日至 2017 年 06 月 10 日
发 证 日 期：2012-06-11

河北正大鸿福动物药业有限公司
许可证编号：饲预（2012）5084
注 册 地 址：河北省邢台市南三环高开区后楼下
生 产 地 址：河北省邢台市南三环高开区
有 效 期：2012 年 07 月 09 日至 2017 年 07 月 08 日
发 证 日 期：2012-07-09

石家庄市丰强动物药业有限公司
许可证编号：饲预（2012）6692
注 册 地 址：河北省石家庄市鹿泉上庄工业园区
生 产 地 址：河北省石家庄市赵县新寨店工业园区
有 效 期：2012 年 07 月 09 日至 2017 年 07 月 08 日
发 证 日 期：2012-07-09

华北制药集团动物保健品有限责任公司
许可证编号：饲预（2012）6667
注 册 地 址：河北省石家庄市长安区华清街 19 号
生 产 地 址：河北省石家庄市长安区华清街 19 号
有 效 期：2012 年 06 月 11 日至 2017 年 06 月 10 日
发 证 日 期：2012-06-11

石家庄市东森生物药业有限公司
许可证编号：饲预（2012）5201
注 册 地 址：河北省石家庄市新华区习武路
生 产 地 址：河北省石家庄市新华区习武路
有 效 期：2012 年 09 月 03 日至 2017 年 09 月 02 日
发 证 日 期：2012-09-03

北京华谷生物营养科技发展有限公司廊坊分公司
许可证编号：饲预（2012）6672
注 册 地 址：河北省廊坊市广阳区万庄镇指挥营村
生 产 地 址：河北省廊坊市广阳区万庄镇指挥营村中国农科院国际农业高新技术产业园
有 效 期：2012 年 06 月 11 日至 2017 年 06 月 10 日
发 证 日 期：2012-06-11

石家庄牧冠饲料有限公司
许可证编号：饲预（2012）6644
注 册 地 址：河北省石家庄市栾城县于底村
生 产 地 址：河北省石家庄市栾城县于底村
有 效 期：2012 年 06 月 11 日至 2017 年 06 月 10 日
发 证 日 期：2012-06-11

河北紫金药业有限公司
许可证编号：饲预（2012）6643
注 册 地 址：河北省栾城县西羊市（石家庄市 308 国道 645 公里处）
生 产 地 址：河北省栾城县西羊市（石家庄市 308 国道 645 公里处）
有 效 期：2012 年 06 月 11 日至 2017 年 06 月 10 日
发 证 日 期：2012-06-11

河北华强动物药业有限公司
许可证编号：饲预（2012）5226
注 册 地 址：河北省新乐市南环路 93 号
生 产 地 址：河北省新乐市南环路 93 号
有 效 期：2012 年 06 月 11 日至 2017 年 06 月 10 日
发 证 日 期：2012-06-11

石家庄正道动物药业有限公司
许可证编号：饲预（2012）3054
注 册 地 址：河北省石家庄市鹿泉市上庄镇世纪工业园区
生 产 地 址：河北省石家庄市鹿泉市上庄世纪工业园南区 2 号
有 效 期：2012 年 06 月 11 日至 2017 年 06 月 10 日
发 证 日 期：2012-06-11

河北中特饲料科技有限公司
许可证编号：饲预（2012）6569
注 册 地 址：河北省沧县捷地乡付家圈
生 产 地 址：河北省沧县捷地乡付家圈
有 效 期：2012 年 04 月 17 日至 2017 年 04 月 16 日
发 证 日 期：2012-04-17

石家庄市麦尔维牧业有限公司
许可证编号：饲预（2012）6608
注 册 地 址：河北省石家庄市北外环
生 产 地 址：河北省石家庄市北外环
有 效 期：2012 年 04 月 17 日至 2017 年 04 月 16 日
发 证 日 期：2012-04-17

河北富隆饲料有限公司
许可证编号：饲预（2012）6542
注 册 地 址：河北省怀安县柴沟堡镇关帝庙村
生 产 地 址：河北省怀安县柴沟堡镇关帝庙村
有 效 期：2012 年 03 月 07 日至 2017 年 03 月 06 日
发 证 日 期：2012-03-07

石家庄向阳生物制品有限公司
许可证编号：饲预（2012）5815
注 册 地 址：河北省正定上水工业园区
生 产 地 址：河北省正定上水工业园区
有 效 期：2012 年 06 月 11 日至 2017 年 06 月 10 日
发 证 日 期：2012-06-11

沧州市益宏动物保健品有限公司
许可证编号：饲预（2012）5071
注 册 地 址：河北省沧州市高新技术产业开发区
生 产 地 址：河北省沧州市高新技术产业开发区
有 效 期：2012 年 06 月 11 日至 2017 年 06 月 10 日
发 证 日 期：2012-06-11

石家庄沃福生物科技有限公司
许可证编号：饲预（2012）2753
注 册 地 址：河北省正定县西邢家庄
生 产 地 址：河北省石家庄市正定县西刑家庄
有 效 期：2012 年 06 月 11 日至 2017 年 06 月 10 日
发 证 日 期：2012-06-11

石家庄市九洲兽药有限公司
许可证编号：饲预（2012）6606
注 册 地 址：河北省石家庄市行唐县化工工业园
生 产 地 址：河北省石家庄市行唐县化工工业园
有 效 期：2012 年 04 月 17 日至 2017 年 04 月 16 日
发 证 日 期：2012-04-17

石家庄市恒信药业有限公司
许可证编号：饲预（2012）6605
注 册 地 址：河北省石家庄市学府路 182 号
生 产 地 址：河北省石家庄市学府路 182 号
有 效 期：2012 年 04 月 17 日至 2017 年 04 月 16 日
发 证 日 期：2012-04-17

石家庄市铭达饲料有限公司
许可证编号：饲预（2012）6541
注 册 地 址：河北省石家庄市北二环路北翟营北
生 产 地 址：河北省石家庄市新华区上京工业园区
有 效 期：2012 年 03 月 07 日至 2017 年 03 月 06 日
发 证 日 期：2012-03-07

河北奥菲饲料科技有限公司
许可证编号：饲预（2012）6544
注 册 地 址：河北省石家庄民航机场路东民族路
生 产 地 址：河北省石家庄民航机场路东民族路
有 效 期：2012 年 03 月 07 日至 2017 年 03 月 06 日
发 证 日 期：2012 - 03 - 07

沧州市三冠动物保健品有限公司
许可证编号：饲预（2012）6534
注 册 地 址：河北省沧州市运河区南陈屯张庄子
生 产 地 址：河北省沧州市运河区南陈屯张庄子
有 效 期：2012 年 03 月 07 日至 2017 年 03 月 06 日
发 证 日 期：2012 - 03 - 07

河北华星药业有限公司生物饲料厂
许可证编号：饲预（2012）6505
注 册 地 址：河北省石家庄市学府路副 3 号
生 产 地 址：河北省石家庄市学府路副 3 号
有 效 期：2012 年 03 月 07 日至 2017 年 03 月 06 日
发 证 日 期：2012 - 03 - 07

石家庄维尔利动物药业有限公司
许可证编号：饲预（2012）4977
注 册 地 址：河北省鹿泉市上庄镇世纪工业园区
生 产 地 址：河北省鹿泉市上庄镇世纪工业园区
有 效 期：2012 年 03 月 07 日至 2017 年 03 月 06 日
发 证 日 期：2012 - 03 - 07

河北兴达饲料集团有限公司
许可证编号：饲预（2012）6494
注 册 地 址：河北省沙河市北组村
生 产 地 址：河北省沙河市北组村工业区
有 效 期：2012 年 01 月 13 日至 2017 年 01 月 12 日
发 证 日 期：2012 - 01 - 13

邯郸市格润动物药业有限公司
许可证编号：饲预（2012）4892
注 册 地 址：河北省 107 国道（磁县段）邯郸市民航机场西侧
生 产 地 址：河北省 107 国道（磁县段）邯郸市民航机场西侧
有 效 期：2012 年 01 月 13 日至 2017 年 01 月 12 日
发 证 日 期：2012 - 01 - 13

沧州市天然牧业发展有限公司
许可证编号：饲预（2012）6543
注 册 地 址：河北省沧州市运西张庄子工业区
生 产 地 址：河北省沧州市运西张庄子工业区
有 效 期：2012 年 03 月 07 日至 2017 年 03 月 06 日
发 证 日 期：2012 - 03 - 07

石家庄绿欣康动物药业有限公司
许可证编号：饲预（2012）6504
注 册 地 址：河北省石家庄高新技术产业开发区燕山大街
生 产 地 址：河北省石家庄高新技术产业开发区燕山大街 148 - 1 号
有 效 期：2012 年 03 月 07 日至 2017 年 03 月 06 日
发 证 日 期：2012 - 03 - 07

河北金达福药业有限公司
许可证编号：饲预（2012）6529
注 册 地 址：河北省邢台市南和县三召乡东三召村东
生 产 地 址：河北省邢台市南和县三召乡东三召村东
有 效 期：2012 年 03 月 07 日至 2017 年 03 月 06 日
发 证 日 期：2012 - 03 - 07

廊坊九鼎牧业有限公司
许可证编号：饲预（2012）6503
注 册 地 址：河北省廊坊市永清县台湾工业新城
生 产 地 址：河北省廊坊市永清县台湾工业新城
有 效 期：2012 年 03 月 07 日至 2017 年 03 月 06 日
发 证 日 期：2012 - 03 - 07

邯郸市神康药业有限公司
许可证编号：饲预（2012）4893
注 册 地 址：河北省邯郸市高新技术开发区科技路 9 号
生 产 地 址：河北省邯郸市高新技术开发区科技路 9 号
有 效 期：2012 年 01 月 13 日至 2017 年 01 月 12 日
发 证 日 期：2012 - 01 - 13

邢台冠农饲料有限公司
许可证编号：饲预（2012）6500
注 册 地 址：河北省隆尧县魏庄镇西庄头村
生 产 地 址：河北省隆尧县魏庄镇西庄头村西
有 效 期：2012 年 01 月 13 日至 2017 年 01 月 12 日
发 证 日 期：2012 - 01 - 13

石家庄澳信动物药业有限公司

许可证编号：饲预（2012）6476
注 册 地 址：河北省石家庄高新技术产业开发区燕山大街
生 产 地 址：河北省石家庄高新技术产业开发区燕山大街148-3号
有 效 期：2012年01月13日至2017年01月12日
发 证 日 期：2012-01-13

河北京科动物药业有限公司

许可证编号：饲预（2012）6462
注 册 地 址：河北省石家庄市裕华区东京北工农路51号
生 产 地 址：河北省石家庄市裕华区东京北工农路51号
有 效 期：2012年01月13日至2017年01月12日
发 证 日 期：2012-01-13

石家庄科瑞德饲料有限公司

许可证编号：饲预（2012）6474
注 册 地 址：河北省石家庄开发区长江大道9号
生 产 地 址：河北省正定县诸福屯镇圣板村
有 效 期：2012年01月13日至2017年01月12日
发 证 日 期：2012-01-13

石家庄利欣康动物药业有限公司

许可证编号：饲预（2012）6475
注 册 地 址：河北省石家庄高新技术产业开发区燕山大街
生 产 地 址：河北省石家庄高新技术产业开发区燕山大街148-2号
有 效 期：2012年01月13日至2017年01月12日
发 证 日 期：2012-01-13

沧州临港春盛牧业有限公司

许可证编号：饲预（2012）6764
注 册 地 址：河北省沧州市临港工业园区
生 产 地 址：河北省沧州市临港工业园区
有 效 期：2012年09月03日至2017年09月02日
发 证 日 期：2012-09-03

河北锦坤动物药业有限公司

许可证编号：饲预（2012）6473
注 册 地 址：河北省石家庄辛集市307国道辛集晋州交界处
生 产 地 址：河北省石家庄辛集市307国道辛集晋州交界处
有 效 期：2012年01月13日至2017年01月12日
发 证 日 期：2012-01-13

山 西 省

山西晋龙集团饲料有限公司

许可证编号：饲预（2012）5016
注 册 地 址：山西省稷山县城108国道北
生 产 地 址：山西省稷山县城108国道北
有 效 期：2012年07月09日至2017年07月08日
发 证 日 期：2012-07-09

太原市威尔潞威动物保健品有限公司

许可证编号：饲预（2012）6704
注 册 地 址：山西省太原市晋源区化工路21号K区
生 产 地 址：山西省太原市晋源区化工路21号K区
有 效 期：2012年07月09日至2017年07月08日
发 证 日 期：2012-07-09

山西闻喜开隆兽药有限公司

许可证编号：饲预（2012）5192
注 册 地 址：山西省闻喜县郭家庄镇东韩段2号
生 产 地 址：山西省闻喜县大运路东韩段（东韩村2号）
有 效 期：2012年10月17日至2017年10月16日
发 证 日 期：2012-10-17

山西奥信动物药业有限公司

许可证编号：饲预（2012）5191
注 册 地 址：山西省闻喜县大运路东韩段
生 产 地 址：山西省闻喜县大运路东韩段
有 效 期：2012年10月17日至2017年10月16日
发 证 日 期：2012-10-17

山西明一牧业有限公司

许可证编号：饲预（2012）6757
注 册 地 址：山西省太原市小店区杜家寨村
生 产 地 址：山西省太原市小店区杜家寨村
有 效 期：2012年09月03日至2017年09月02日
发 证 日 期：2012-09-03

内蒙古自治区

科左后旗辽海牧业饲料有限责任公司
许可证编号：饲预（2012）4414
注 册 地 址：内蒙古自治区通辽市科左后旗工商局
生 产 地 址：内蒙古自治区通辽市科左后旗甘旗卡铁路东
有　效　期：2012年10月17日至2017年10月16日
发 证 日 期：2012-10-17

内蒙古塞飞亚农业科技发展股份有限公司
许可证编号：饲预（2012）6787
注 册 地 址：内蒙古赤峰市宁城县汐子镇
生 产 地 址：内蒙古赤峰市宁城县汐子镇
有　效　期：2012年10月17日至2017年10月16日
发 证 日 期：2012-10-17

赤峰万牧春饲料有限公司
许可证编号：饲预（2012）4674
注 册 地 址：内蒙古赤峰市松山区上官地镇
生 产 地 址：内蒙古赤峰市松山区上官地镇
有　效　期：2012年04月17日至2017年04月16日
发 证 日 期：2012-04-17

宁城华东饲料有限责任公司
许可证编号：饲预（2012）2089
注 册 地 址：内蒙古自治区赤峰市宁城县八里罕镇杨树林子村
生 产 地 址：内蒙古自治区赤峰市宁城县八里罕镇杨树林子村
有　效　期：2012年03月07日至2017年03月06日
发 证 日 期：2012-03-07

辽　宁　省

沈阳成农饲料有限公司
许可证编号：饲预（2012）6730
注 册 地 址：辽宁省沈阳市于洪区沙岭街道沙明路D区7号
生 产 地 址：辽宁省沈阳市于洪区沙岭街道沙明路D区7号
有　效　期：2012年07月09日至2017年07月08日
发 证 日 期：2012-07-09

沈阳科瑞思科技有限公司
许可证编号：饲预（2012）6056
注 册 地 址：辽宁省沈阳市于洪区平罗街道白辛台村
生 产 地 址：辽宁省沈阳市于洪区平罗街道白辛台村
有　效　期：2012年09月03日至2017年09月02日
发 证 日 期：2012-09-03

沈阳新希望六和饲料有限公司
许可证编号：饲预（2012）6668
注 册 地 址：辽宁省沈阳市苏家屯区临湖路街道办事处王秀村
生 产 地 址：辽宁省沈阳市苏家屯区临湖路街道办事处王秀村
有　效　期：2012年06月11日至2017年06月10日
发 证 日 期：2012-06-11

大连奥肽动物营养有限公司
许可证编号：饲预（2012）6728
注 册 地 址：辽宁省大连市普兰店太平办事处唐房工业园区
生 产 地 址：辽宁省大连市普兰店太平办事处唐房工业园区
有　效　期：2012年07月09日至2017年07月08日
发 证 日 期：2012-07-09

大成农牧（铁岭）有限公司沈阳分公司

许可证编号：饲预（2012）0762
注 册 地 址：辽宁省沈阳市于洪区白沙街 28 号
生 产 地 址：辽宁省沈阳市于洪区白沙街 28 号
有　效　期：2012 年 10 月 17 日至 2017 年 10 月 16 日
发 证 日 期：2012 - 10 - 17

鞍山天盛牧业有限公司

许可证编号：饲预（2012）6703
注 册 地 址：辽宁省鞍山市海城响堂管理区合家
生 产 地 址：辽宁省鞍山市海城响堂管理区合家
有　效　期：2012 年 07 月 09 日至 2017 年 07 月 08 日
发 证 日 期：2012 - 07 - 09

辽宁鼎丰科润饲料有限公司

许可证编号：饲预（2012）6577
注 册 地 址：辽宁省铁岭市银州区私营企业开发区
生 产 地 址：辽宁省铁岭市银州区私营企业开发区
有　效　期：2012 年 04 月 17 日至 2017 年 04 月 16 日
发 证 日 期：2012 - 04 - 17

沈阳泰尔兰牧业有限公司

许可证编号：饲预（2012）6626
注 册 地 址：辽宁省沈阳市辽中县养士堡乡工业园
生 产 地 址：辽宁省沈阳市辽中县养士堡乡工业园
有　效　期：2012 年 06 月 11 日至 2017 年 06 月 10 日
发 证 日 期：2012 - 06 - 11

沈阳康博牧业有限公司

许可证编号：饲预（2012）6593
注 册 地 址：辽宁省沈阳市大东区东望北街 133 号
生 产 地 址：辽宁省沈阳市大东区东望北街 133 号
有　效　期：2012 年 04 月 17 日至 2017 年 04 月 16 日
发 证 日 期：2012 - 04 - 17

沈阳亿万饲料科技有限公司

许可证编号：饲预（2012）2900
注 册 地 址：辽宁省沈阳经济技术开发区黔灵湖街 2 号
生 产 地 址：辽宁省沈阳经济技术开发区黔灵湖街 2 号
有　效　期：2012 年 04 月 17 日至 2017 年 04 月 16 日
发 证 日 期：2012 - 04 - 17

沈阳市粮达饲料有限公司

许可证编号：饲预（2012）6480
注 册 地 址：辽宁省沈阳市于洪区微山湖街 125 号
生 产 地 址：辽宁省沈阳市于洪区微山湖街 125 号
有　效　期：2012 年 01 月 13 日至 2017 年 01 月 12 日
发 证 日 期：2012 - 01 - 13

沈阳华年饲料有限公司

许可证编号：饲预（2012）3803
注 册 地 址：辽宁省沈阳市东陵区李相镇下泉水峪村
生 产 地 址：辽宁省沈阳市东陵区李相镇下泉水峪村
有　效　期：2012 年 07 月 09 日至 2017 年 07 月 08 日
发 证 日 期：2012 - 07 - 09

大连础明饲料有限公司

许可证编号：饲预（2012）6578
注 册 地 址：辽宁省大连市瓦房店钻石街 2026 号
生 产 地 址：辽宁省大连市瓦房店钻石街 2026 号
有　效　期：2012 年 04 月 17 日至 2017 年 04 月 16 日
发 证 日 期：2012 - 04 - 17

沈阳久强农牧有限责任公司

许可证编号：饲预（2012）6612
注 册 地 址：辽宁省沈阳新民市兴隆镇社区
生 产 地 址：辽宁省沈阳新民市兴隆镇社区
有　效　期：2012 年 06 月 11 日至 2017 年 06 月 10 日
发 证 日 期：2012 - 06 - 11

大连亿农饲料科技有限公司

许可证编号：饲预（2012）4785
注 册 地 址：辽宁省大连开发区金源北里 51 号 4 - 1 - 2
生 产 地 址：辽宁省大连开发区黄海大道西 2 号区
有　效　期：2012 年 06 月 11 日至 2017 年 06 月 10 日
发 证 日 期：2012 - 06 - 11

沈阳爱特杰牧业有限公司

许可证编号：饲预（2012）5111
注 册 地 址：辽宁省沈阳市东陵区英达镇
生 产 地 址：辽宁省沈阳市东陵区英达镇公家村
有　效　期：2012 年 04 月 17 日至 2017 年 04 月 16 日
发 证 日 期：2012 - 04 - 17

辽宁众友饲料有限公司

许可证编号：饲预（2012）2715
注 册 地 址：辽宁省沈阳胡台经济开发区
生 产 地 址：辽宁省沈阳胡台经济开发区
有　效　期：2012 年 04 月 17 日至 2017 年 04 月 16 日
发 证 日 期：2012 - 04 - 17

吉 林 省

吉林省德泰饲料科技发展有限公司
许可证编号：饲预（2012）4763
注 册 地 址：吉林省长春市朝阳区乐山镇工贸小区
生 产 地 址：吉林省长春市朝阳区乐山镇工贸小区
有　效　期：2012 年 03 月 07 日至 2017 年 03 月 06 日
发 证 日 期：2012 - 03 - 07

黑龙江省

哈尔滨健康牧业有限公司
许可证编号：饲预（2012）6819
注 册 地 址：黑龙江省哈尔滨市巴彦县兴隆商贸街
生 产 地 址：黑龙江省哈尔滨市巴彦县兴隆工业园区
有　效　期：2012 年 12 月 18 日至 2017 年 12 月 17 日
发 证 日 期：2012 - 12 - 18

黑龙江省贝多利生物科技有限公司
许可证编号：饲预（2012）6801
注 册 地 址：黑龙江省绥化市绥望路 3.3 公里
生 产 地 址：黑龙江省绥化市绥望路 3.3 公里
有　效　期：2012 年 10 月 17 日至 2017 年 10 月 16 日
发 证 日 期：2012 - 10 - 17

哈尔滨宝德生物技术开发有限公司
许可证编号：饲预（2012）6784
注 册 地 址：黑龙江省哈尔滨市木兰县现代农业园区
生 产 地 址：黑龙江省哈尔滨市木兰县现代农业园区
有　效　期：2012 年 10 月 17 日至 2017 年 10 月 16 日
发 证 日 期：2012 - 10 - 17

哈尔滨百加生物科技有限公司
许可证编号：饲预（2012）5543
注 册 地 址：黑龙江省哈尔滨市双井街道护路村
生 产 地 址：黑龙江省哈尔滨市双井街道护路村
有　效　期：2012 年 10 月 17 日至 2017 年 10 月 16 日
发 证 日 期：2012 - 10 - 17

哈尔滨德邦鼎立生物科技有限公司
许可证编号：饲预（2012）6164
注 册 地 址：黑龙江省哈尔滨市香坊区成高子镇和平村成环路 19 号
生 产 地 址：黑龙江省哈尔滨市香坊区成高子镇和平村成环路 19 号
有　效　期：2012 年 10 月 17 日至 2017 年 10 月 16 日
发 证 日 期：2012 - 10 - 17

安达市维安泰生物制品有限责任公司
许可证编号：饲预（2012）6800
注 册 地 址：黑龙江省绥化市安达市经济技术开发区
生 产 地 址：黑龙江省绥化市安达市经济技术开发区
有　效　期：2012 年 10 月 17 日至 2017 年 10 月 16 日
发 证 日 期：2012 - 10 - 17

哈尔滨博善联合生物饲料有限公司
许可证编号：饲预（2012）6759
注 册 地 址：黑龙江省哈尔滨市高新技术产业开发区高科技创业中心南岗 19#楼红旗大街 178 号 213 室
生 产 地 址：黑龙江省哈尔滨市宾县宾州镇乐能大道 9 号
有　效　期：2012 年 09 月 03 日至 2017 年 09 月 02 日
发 证 日 期：2012 - 09 - 03

哈尔滨盛禾饲料有限公司
许可证编号：饲预（2012）6717
注 册 地 址：黑龙江省哈尔滨市香坊区幸福镇莫力村
生 产 地 址：黑龙江省哈尔滨市香坊区幸福镇莫力村
有　效　期：2012 年 07 月 09 日至 2017 年 07 月 08 日
发 证 日 期：2012 - 07 - 09

黑龙江大牧人牧业有限公司

许可证编号：饲预（2012）4422
注 册 地 址：黑龙江省哈尔滨市牛家工业园区南区
生 产 地 址：黑龙江省哈尔滨市牛家工业园区南区
有 效 期：2012年09月03日至2017年09月02日
发 证 日 期：2012-09-03

哈尔滨市宏晟圆饲料添加剂厂

许可证编号：饲预（2012）5401
注 册 地 址：黑龙江省哈尔滨市香坊区香福路109-6号
生 产 地 址：黑龙江省哈尔滨市香坊区香福路109-6号
有 效 期：2012年07月09日至2017年07月08日
发 证 日 期：2012-07-09

黑龙江省春达牧业有限公司

许可证编号：饲预（2012）5019
注 册 地 址：黑龙江省齐齐哈尔市铁锋区宛屯种畜场三连
生 产 地 址：黑龙江省齐齐哈尔市铁锋区宛屯种畜场三连
有 效 期：2012年07月09日至2017年07月08日
发 证 日 期：2012-07-09

大庆市华茂饲料有限公司

许可证编号：饲预（2012）6719
注 册 地 址：黑龙江省大庆市杜尔伯特蒙古族自治县德力戈尔工业园区
生 产 地 址：黑龙江省大庆市杜尔伯特蒙古族自治县德力戈尔工业园区
有 效 期：2012年07月09日至2017年07月08日
发 证 日 期：2012-07-09

齐齐哈尔市天圣动物营养饲料厂

许可证编号：饲预（2012）2723
注 册 地 址：黑龙江省齐齐哈尔市建华区东市场小区34号楼一号门市
生 产 地 址：黑龙江省齐齐哈尔市富裕县库木工业园区
有 效 期：2012年07月09日至2017年07月08日
发 证 日 期：2012-07-09

黑龙江天翼生物科技有限公司

许可证编号：饲预（2012）3102
注 册 地 址：黑龙江省哈尔滨市香坊区化工路化四街1号
生 产 地 址：黑龙江省哈尔滨市香坊区化工路化四街1号
有 效 期：2012年06月11日至2017年06月10日
发 证 日 期：2012-06-11

哈尔滨华农曙光饲料有限公司

许可证编号：饲预（2012）5525
注 册 地 址：黑龙江省哈尔滨市香坊区靠河路1号
生 产 地 址：黑龙江省哈尔滨市香坊区靠河路1号
有 效 期：2012年09月03日至2017年09月02日
发 证 日 期：2012-09-03

哈尔滨大雨科技饲料开发有限公司

许可证编号：饲预（2012）1526
注 册 地 址：黑龙江省哈尔滨市香坊区香福路18号
生 产 地 址：黑龙江省哈尔滨市香坊区公滨路副59号
有 效 期：2012年07月09日至2017年07月08日
发 证 日 期：2012-07-09

哈尔滨市农博饲料添加剂厂

许可证编号：饲预（2012）6731
注 册 地 址：黑龙江省哈尔滨市香坊区幸福镇北柞村红星路230-1号
生 产 地 址：黑龙江省哈尔滨市香坊区幸福镇北柞村红星路230-1号
有 效 期：2012年07月09日至2017年07月08日
发 证 日 期：2012-07-09

哈尔滨科尔动物保健品有限公司

许可证编号：饲预（2012）6718
注 册 地 址：黑龙江省哈尔滨市开发区南岗集中区34号楼603室
生 产 地 址：黑龙江省哈尔滨市香坊区朝阳镇102国道零公里100米处
有 效 期：2012年07月09日至2017年07月08日
发 证 日 期：2012-07-09

哈尔滨兽研利思达生物制药厂

许可证编号：饲预（2012）2756
注 册 地 址：黑龙江省哈尔滨市南岗区王岗镇双红路88号
生 产 地 址：黑龙江省哈尔滨市南岗区王岗镇双红路88号
有 效 期：2012年10月17日至2017年10月16日
发 证 日 期：2012-10-17

鹤岗市兴山区金和饲料厂

许可证编号：饲预（2012）5270
注 册 地 址：黑龙江省鹤岗市兴山区长征路188号
生 产 地 址：黑龙江省鹤岗市兴山区长征路188号
有 效 期：2012年07月09日至2017年07月08日
发 证 日 期：2012-07-09

哈尔滨鹏程饲料科技有限公司
许可证编号：饲预（2012）6015
注 册 地 址：黑龙江省哈尔滨市宾县宾西镇经济技术开发区
生 产 地 址：黑龙江省哈尔滨市宾县宾西镇经济技术开发区
有 效 期：2012 年 06 月 11 日至 2017 年 06 月 10 日
发 证 日 期：2012-06-11

黑龙江省龙滨饲料有限公司
许可证编号：饲预（2012）6686
注 册 地 址：黑龙江省哈尔滨市香坊区横道街 27 号
生 产 地 址：黑龙江省哈尔滨市香坊区成高子镇黄河村
有 效 期：2012 年 07 月 09 日至 2017 年 07 月 08 日
发 证 日 期：2012-07-09

哈尔滨富邦饲料有限责任公司
许可证编号：饲预（2012）6673
注 册 地 址：黑龙江省哈尔滨市南岗区汉水路 191 号 5 单元 501 室
生 产 地 址：黑龙江省哈尔滨市香坊区红星路 167 号
有 效 期：2012 年 06 月 11 日至 2017 年 06 月 10 日
发 证 日 期：2012-06-11

黑龙江惠丰牧业有限公司
许可证编号：饲预（2012）6684
注 册 地 址：黑龙江省七台河市桃山区兴岗街
生 产 地 址：黑龙江省七台河市桃山区兴岗街
有 效 期：2012 年 07 月 09 日至 2017 年 07 月 08 日
发 证 日 期：2012-07-09

黑龙江禾丰牧业有限公司
许可证编号：饲预（2012）6649
注 册 地 址：黑龙江省哈尔滨市哈大齐工业走廊哈尔滨平房工业园区
生 产 地 址：黑龙江省哈尔滨市哈大齐工业走廊哈尔滨平房工业园区
有 效 期：2012 年 06 月 11 日至 2017 年 06 月 10 日
发 证 日 期：2012-06-11

哈尔滨龙达饲料有限公司
许可证编号：饲预（2012）6662
注 册 地 址：黑龙江省哈尔滨市南岗区王岗镇卫星村
生 产 地 址：黑龙江省哈尔滨市南岗区王岗镇卫星村
有 效 期：2012 年 06 月 11 日至 2017 年 06 月 10 日
发 证 日 期：2012-06-11

哈尔滨兴民丰牧业有限公司
许可证编号：饲预（2012）4085
注 册 地 址：黑龙江省哈尔滨市香坊区向阳乡农业高新技术园区
生 产 地 址：黑龙江省哈尔滨市香坊区向阳乡农业高新技术园区
有 效 期：2012 年 06 月 11 日至 2017 年 06 月 10 日
发 证 日 期：2012-06-11

哈尔滨市普大饲料有限责任公司
许可证编号：饲预（2012）6675
注 册 地 址：黑龙江省哈尔滨市呼兰区呼兰镇工业小区
生 产 地 址：黑龙江省哈尔滨市呼兰区呼兰镇工业小区
有 效 期：2012 年 06 月 11 日至 2017 年 06 月 10 日
发 证 日 期：2012-06-11

哈尔滨市南岗区宏盛天成饲料厂
许可证编号：饲预（2012）6674
注 册 地 址：黑龙江省哈尔滨市南岗区王岗镇兴农路 1 公里
生 产 地 址：黑龙江省哈尔滨市南岗区王岗镇兴农路 1 公里
有 效 期：2012 年 06 月 11 日至 2017 年 06 月 10 日
发 证 日 期：2012-06-11

哈尔滨弗曼德生物科技有限公司
许可证编号：饲预（2012）6677
注 册 地 址：黑龙江省哈尔滨市道里区新发镇第三畜牧场
生 产 地 址：黑龙江省哈尔滨市道里区新发镇第三畜牧场
有 效 期：2012 年 06 月 11 日至 2017 年 06 月 10 日
发 证 日 期：2012-06-11

哈尔滨福来德饲料有限责任公司
许可证编号：饲预（2012）6661
注 册 地 址：黑龙江省哈尔滨市道里区新农镇前进村
生 产 地 址：黑龙江省哈尔滨市道里区新农镇前进村
有 效 期：2012 年 06 月 11 日至 2017 年 06 月 10 日
发 证 日 期：2012-06-11

哈尔滨福莱德动物保健品有限公司
许可证编号：饲预（2012）5485
注 册 地 址：黑龙江省哈尔滨市香坊区香东街 17-14 号
生 产 地 址：黑龙江省哈尔滨市香坊区香东街 17-14 号
有 效 期：2012 年 06 月 11 日至 2017 年 06 月 10 日
发 证 日 期：2012-06-11

哈尔滨华泰牧业有限公司
许可证编号：饲预（2012）5315
注 册 地 址：黑龙江省哈尔滨市道里区新发镇先锋村
生 产 地 址：黑龙江省哈尔滨市道里区新发镇先锋村
有　效　期：2012年06月11日至2017年06月10日
发 证 日 期：2012-06-11

哈尔滨众利饲料有限公司
许可证编号：饲预（2012）5352
注 册 地 址：黑龙江省哈尔滨市道里区机场路10公里
生 产 地 址：黑龙江省哈尔滨市道里区机场路10公里
有　效　期：2012年06月11日至2017年06月10日
发 证 日 期：2012-06-11

宝清县龙杰饲料有限责任公司
许可证编号：饲预（2012）6685
注 册 地 址：黑龙江省双鸭山市宝清县七星泡镇永胜村
生 产 地 址：黑龙江省双鸭山市宝清县七星泡镇永胜村
有　效　期：2012年07月09日至2017年07月08日
发 证 日 期：2012-07-09

哈尔滨光威牧业有限公司
许可证编号：饲预（2012）4469
注 册 地 址：黑龙江省哈尔滨市道里区榆树镇蒋化屯
生 产 地 址：黑龙江省哈尔滨市道里区榆树镇蒋化屯
有　效　期：2012年06月11日至2017年06月10日
发 证 日 期：2012-06-11

哈尔滨禾心预混料添加剂厂
许可证编号：饲预（2012）6581
注 册 地 址：黑龙江省哈尔滨市香坊区香福路18号
生 产 地 址：黑龙江省哈尔滨市香坊区香福路18号
有　效　期：2012年04月17日至2017年04月16日
发 证 日 期：2012-04-17

哈尔滨农垦华成饲料有限公司
许可证编号：饲预（2012）6609
注 册 地 址：黑龙江省哈尔滨市南岗区王岗镇双红路86号
生 产 地 址：黑龙江省哈尔滨市南岗区王岗镇双红路86号
有　效　期：2012年04月17日至2017年04月16日
发 证 日 期：2012-04-17

哈尔滨信宇动物药品厂
许可证编号：饲预（2012）3094
注 册 地 址：黑龙江省哈尔滨市利民开发区珠海路北侧
生 产 地 址：黑龙江省哈尔滨市利民开发区珠海路北侧
有　效　期：2012年07月09日至2017年07月08日
发 证 日 期：2012-07-09

哈尔滨天丰动物保健品有限公司
许可证编号：饲预（2012）3092
注 册 地 址：黑龙江省哈尔滨市道外区义兴泉
生 产 地 址：黑龙江省哈尔滨市道外区义兴泉
有　效　期：2012年06月11日至2017年06月10日
发 证 日 期：2012-06-11

哈尔滨鸿璐饲料有限公司
许可证编号：饲预（2012）3100
注 册 地 址：黑龙江省哈尔滨市双城市工农街
生 产 地 址：黑龙江省哈尔滨市双城市工农街
有　效　期：2012年06月11日至2017年06月10日
发 证 日 期：2012-06-11

黑龙江北农大农牧科技有限公司
许可证编号：饲预（2012）2307
注 册 地 址：黑龙江省哈尔滨市道外区民主乡五星村
生 产 地 址：黑龙江省哈尔滨市道外区民主乡五星村
有　效　期：2012年09月03日至2017年09月02日
发 证 日 期：2012-09-03

哈尔滨圣杰麦克威生物科技有限公司
许可证编号：饲预（2012）6580
注 册 地 址：黑龙江省哈尔滨市香坊区幸福乡西柞村
生 产 地 址：黑龙江省哈尔滨市香坊区幸福乡西柞村
有　效　期：2012年04月17日至2017年04月16日
发 证 日 期：2012-04-17

哈尔滨中科生物工程有限公司
许可证编号：饲预（2012）5235
注 册 地 址：黑龙江省哈尔滨市道里区机场路35公里处
生 产 地 址：黑龙江省哈尔滨市道里区机场路35公里处
有　效　期：2012年04月17日至2017年04月16日
发 证 日 期：2012-04-17

哈尔滨动物药品有限公司

许可证编号：饲预（2012）2512
注 册 地 址：黑龙江省哈尔滨市道外区天恒大街 6 公里处
生 产 地 址：黑龙江省哈尔滨市道外区天恒大街 6 公里处
有 效 期：2012 年 03 月 07 日至 2017 年 03 月 06 日
发 证 日 期：2012 - 03 - 07

哈尔滨明德饲料有限公司

许可证编号：饲预（2012）6538
注 册 地 址：黑龙江省哈尔滨市巴彦县种畜场
生 产 地 址：黑龙江省哈尔滨市巴彦县种畜场
有 效 期：2012 年 03 月 07 日至 2017 年 03 月 06 日
发 证 日 期：2012 - 03 - 07

哈尔滨康铃科技开发有限责任公司

许可证编号：饲预（2012）0295
注 册 地 址：黑龙江省哈尔滨市南岗区学府路 109 号
生 产 地 址：黑龙江省哈尔滨市南岗区学府路 109 号（西区）
有 效 期：2012 年 04 月 17 日至 2017 年 04 月 16 日
发 证 日 期：2012 - 04 - 17

哈尔滨市新春饲料添加剂厂

许可证编号：饲预（2012）3385
注 册 地 址：黑龙江省哈尔滨市香坊区香坊农场北开发区 1 号
生 产 地 址：黑龙江省哈尔滨市香坊区香福路 16 号
有 效 期：2012 年 04 月 17 日至 2017 年 04 月 16 日
发 证 日 期：2012 - 04 - 17

哈尔滨市安佑饲料有限公司

许可证编号：饲预（2012）4951
注 册 地 址：黑龙江省哈尔滨市道里区新发镇长岭湖渔业开发区
生 产 地 址：黑龙江省哈尔滨市道里区新发镇长岭湖渔业开发区
有 效 期：2012 年 04 月 17 日至 2017 年 04 月 16 日
发 证 日 期：2012 - 04 - 17

哈尔滨市道里区金谷饲料厂

许可证编号：饲预（2012）6582
注 册 地 址：黑龙江省哈尔滨市道里区机场路 17 公里
生 产 地 址：黑龙江省哈尔滨市道里区机场路 17 公里
有 效 期：2012 年 04 月 17 日至 2017 年 04 月 16 日
发 证 日 期：2012 - 04 - 17

黑龙江省农垦佳南佳友福饲料供销中心

许可证编号：饲预（2012）0283
注 册 地 址：黑龙江省佳木斯市前进区安庆街南段原佳南农场畜牧场
生 产 地 址：黑龙江省佳木斯市前进区安庆街南段原佳南农场
有 效 期：2012 年 03 月 07 日至 2017 年 03 月 06 日
发 证 日 期：2012 - 03 - 07

黑龙江省盛达饲料有限公司

许可证编号：饲预（2012）6587
注 册 地 址：黑龙江省双鸭山市集贤县福利镇富强区 42 委 147 号（甜菜站南侧）
生 产 地 址：黑龙江省双鸭山市集贤县福利镇富强区 42 委 147 号（甜菜站南侧）
有 效 期：2012 年 04 月 17 日至 2017 年 04 月 16 日
发 证 日 期：2012 - 04 - 17

哈尔滨市新势力牧业有限责任公司

许可证编号：饲预（2012）5029
注 册 地 址：黑龙江省哈尔滨市道里区榆树乡利丰村
生 产 地 址：黑龙江省哈尔滨市道里区榆树乡利丰村
有 效 期：2012 年 04 月 17 日至 2017 年 04 月 16 日
发 证 日 期：2012 - 04 - 17

巴彦县巨龙生物饲料开发有限公司

许可证编号：饲预（2012）5354
注 册 地 址：黑龙江省哈尔滨市巴彦县兴隆镇繁荣街
生 产 地 址：黑龙江省哈尔滨市巴彦县兴隆镇中兴村
有 效 期：2012 年 04 月 17 日至 2017 年 04 月 16 日
发 证 日 期：2012 - 04 - 17

哈尔滨市华农威普动物保健品有限公司

许可证编号：饲预（2012）4954
注 册 地 址：黑龙江省哈尔滨市利民开发区珠海路北侧
生 产 地 址：黑龙江省哈尔滨市利民开发区珠海路北侧
有 效 期：2012 年 04 月 17 日至 2017 年 04 月 16 日
发 证 日 期：2012 - 04 - 17

哈尔滨鹤大饲料有限公司

许可证编号：饲预（2012）6583
注 册 地 址：黑龙江省哈尔滨市香坊区电碳路 42 号
生 产 地 址：黑龙江省哈尔滨市香坊区电碳路 42 号
有 效 期：2012 年 04 月 17 日至 2017 年 04 月 16 日
发 证 日 期：2012 - 04 - 17

哈尔滨市慢精特壮牛饲料厂
许可证编号：饲预（2012）5576
注 册 地 址：黑龙江省哈尔滨市香坊区公滨路副 59 号
生 产 地 址：黑龙江省哈尔滨市香坊区公滨路副 59 号
有 效 期：2012 年 04 月 17 日至 2017 年 04 月 16 日
发 证 日 期：2012 - 04 - 17

哈尔滨普洛米实业有限公司
许可证编号：饲预（2012）4193
注 册 地 址：黑龙江省哈尔滨市道里区变兴路 12 号
生 产 地 址：黑龙江省哈尔滨市道里区变兴路 12 号
有 效 期：2012 年 04 月 17 日至 2017 年 04 月 16 日
发 证 日 期：2012 - 04 - 17

黑龙江农垦元禾牧业开发服务有限公司
许可证编号：饲预（2012）2886
注 册 地 址：黑龙江省哈尔滨市南岗区泰山路 99 - 1 号软件园小区 21 号车库
生 产 地 址：黑龙江省哈尔滨市香坊区香福路 44 号
有 效 期：2012 年 04 月 17 日至 2017 年 04 月 16 日
发 证 日 期：2012 - 04 - 17

哈尔滨大正饲料有限公司
许可证编号：饲预（2012）4395
注 册 地 址：黑龙江省哈尔滨市香坊区幸福镇东柞村
生 产 地 址：黑龙江省哈尔滨市香坊区幸福镇东柞村
有 效 期：2012 年 04 月 17 日至 2017 年 04 月 16 日
发 证 日 期：2012 - 04 - 17

哈尔滨正泰牧业有限责任公司
许可证编号：饲预（2012）5317
注 册 地 址：黑龙江省哈尔滨市道里区机场路 1218 号
生 产 地 址：黑龙江省哈尔滨市道里区机场路 1218 号
有 效 期：2012 年 04 月 17 日至 2017 年 04 月 16 日
发 证 日 期：2012 - 04 - 17

哈尔滨健源生物科技有限公司
许可证编号：饲预（2012）5227
注 册 地 址：黑龙江省哈尔滨市道外区团结镇桥西二道街 5 号
生 产 地 址：黑龙江省哈尔滨市道外区团结镇桥西二道街 5 号
有 效 期：2012 年 03 月 07 日至 2017 年 03 月 06 日
发 证 日 期：2012 - 03 - 07

哈尔滨百事成牧业有限公司
许可证编号：饲预（2012）6584
注 册 地 址：黑龙江省哈尔滨市经开区南岗区集中区永久商厦 A 栋 14 层 1 号
生 产 地 址：黑龙江省哈尔滨市香坊区向阳乡金家村
有 效 期：2012 年 04 月 17 日至 2017 年 04 月 16 日
发 证 日 期：2012 - 04 - 17

哈尔滨三维饲料有限公司
许可证编号：饲预（2012）3096
注 册 地 址：黑龙江省哈尔滨市阿城区新华镇建设村
生 产 地 址：黑龙江省哈尔滨市阿城区新华镇建设村
有 效 期：2012 年 04 月 17 日至 2017 年 04 月 16 日
发 证 日 期：2012 - 04 - 17

哈尔滨波音绿洲生物技术有限公司
许可证编号：饲预（2012）4530
注 册 地 址：黑龙江省哈尔滨市高开区迎宾路集中区滇池街
生 产 地 址：黑龙江省哈尔滨市高开区迎宾路集中区滇池街
有 效 期：2012 年 04 月 17 日至 2017 年 04 月 16 日
发 证 日 期：2012 - 04 - 17

哈尔滨市德康饲料有限公司
许可证编号：饲预（2012）4495
注 册 地 址：黑龙江省哈尔滨市道里区榆树镇后榆村
生 产 地 址：黑龙江省哈尔滨市道里区榆树镇后榆村
有 效 期：2012 年 04 月 17 日至 2017 年 04 月 16 日
发 证 日 期：2012 - 04 - 17

黑龙江省荣海诚生物科技发展有限公司
许可证编号：饲预（2012）6537
注 册 地 址：黑龙江省哈尔滨市双城市新兴乡新华村
生 产 地 址：黑龙江省哈尔滨市双城市新兴乡新华村
有 效 期：2012 年 03 月 07 日至 2017 年 03 月 06 日
发 证 日 期：2012 - 03 - 07

哈尔滨普凡饲料有限公司
许可证编号：饲预（2012）5524
注 册 地 址：黑龙江省哈尔滨市香坊区向阳乡金家村
生 产 地 址：黑龙江省哈尔滨市香坊区向阳乡金家村
有 效 期：2012 年 03 月 07 日至 2017 年 03 月 06 日
发 证 日 期：2012 - 03 - 07

黑龙江省宏望饲料有限责任公司

许可证编号：饲预（2012）2463
注 册 地 址：黑龙江省哈尔滨市道里区榆树镇新乡村
生 产 地 址：黑龙江省哈尔滨市道里区榆树镇新乡村
有 效 期：2012 年 03 月 07 日至 2017 年 03 月 06 日
发 证 日 期：2012 - 03 - 07

哈尔滨众诚牧业有限公司

许可证编号：饲预（2012）5110
注 册 地 址：黑龙江省哈尔滨市南岗区王岗镇杜家村
生 产 地 址：黑龙江省哈尔滨市南岗区王岗镇杜家村
有 效 期：2012 年 03 月 07 日至 2017 年 03 月 06 日
发 证 日 期：2012 - 03 - 07

哈尔滨龙跃牧业有限公司

许可证编号：饲预（2012）6539
注 册 地 址：黑龙江省哈尔滨市香坊区香福路 18 号
生 产 地 址：黑龙江省哈尔滨市香坊区香福路 18 号
有 效 期：2012 年 03 月 07 日至 2017 年 03 月 06 日
发 证 日 期：2012 - 03 - 07

哈尔滨飞达饲料添加剂厂

许可证编号：饲预（2012）4950
注 册 地 址：黑龙江省哈尔滨市道里区机场路 19 公里处
生 产 地 址：黑龙江省哈尔滨市道里区机场路 19 公里处闫家岗农场
有 效 期：2012 年 03 月 07 日至 2017 年 03 月 06 日
发 证 日 期：2012 - 03 - 07

多普沃（佳木斯）饲料有限公司

许可证编号：饲预（2012）4489
注 册 地 址：黑龙江省汤原县汤原镇建设街中段
生 产 地 址：黑龙江省汤原县汤原镇建设街中段
有 效 期：2012 年 01 月 13 日至 2017 年 01 月 12 日
发 证 日 期：2012 - 01 - 13

黑龙江海博瑞特科技有限公司

许可证编号：饲预（2012）6489
注 册 地 址：黑龙江省哈尔滨市香坊区香坊实验农场
生 产 地 址：黑龙江省哈尔滨市香坊区香坊实验农场
有 效 期：2012 年 01 月 13 日至 2017 年 01 月 12 日
发 证 日 期：2012 - 01 - 13

哈尔滨市凯弘饲料厂

许可证编号：饲预（2012）0278
注 册 地 址：黑龙江省哈尔滨市道里区机场路 877 号
生 产 地 址：黑龙江省哈尔滨市道里区机场路 877 号
有 效 期：2012 年 03 月 07 日至 2017 年 03 月 06 日
发 证 日 期：2012 - 03 - 07

哈尔滨市道外区益利达饲料加工厂

许可证编号：饲预（2012）5236
注 册 地 址：黑龙江省哈尔滨市道外区民主乡五星村
生 产 地 址：黑龙江省哈尔滨市道外区民主乡五星村
有 效 期：2012 年 04 月 17 日至 2017 年 04 月 16 日
发 证 日 期：2012 - 04 - 17

牡丹江佰佳信生物科技有限公司

许可证编号：饲预（2012）6536
注 册 地 址：黑龙江省牡丹江市阳明区机车路（国家级循环经济试点园区）55 号
生 产 地 址：黑龙江省牡丹江市阳明区机车路（国家级循环经济试点园区）55 号
有 效 期：2012 年 03 月 07 日至 2017 年 03 月 06 日
发 证 日 期：2012 - 03 - 07

哈尔滨市强丰动物保健品厂

许可证编号：饲预（2012）2842
注 册 地 址：黑龙江省哈尔滨市江南中环路 70 公里
生 产 地 址：黑龙江省哈尔滨市江南中环路 70 公里
有 效 期：2012 年 03 月 07 日至 2017 年 03 月 06 日
发 证 日 期：2012 - 03 - 07

哈尔滨德邦牧业有限公司

许可证编号：饲预（2012）0311
注 册 地 址：黑龙江省哈尔滨市香坊区印染街 1 号
生 产 地 址：黑龙江省哈尔滨市香坊区印染街 1 号
有 效 期：2012 年 01 月 13 日至 2017 年 01 月 12 日
发 证 日 期：2012 - 01 - 13

哈尔滨市道里区昌大饲料厂

许可证编号：饲预（2012）5351
注 册 地 址：黑龙江省哈尔滨市道里区榆树镇新乡村
生 产 地 址：黑龙江省哈尔滨市道里区榆树镇新乡村
有 效 期：2012 年 01 月 13 日至 2017 年 01 月 12 日
发 证 日 期：2012 - 01 - 13

哈尔滨绿原饲料有限公司
许可证编号：饲预（2012）2757
注 册 地 址：黑龙江哈尔滨市南岗区电缆街哈达工业小区
生 产 地 址：黑龙江哈尔滨市南岗区电缆街哈达工业小区
有 效 期：2012年01月13日至2017年01月12日
发 证 日 期：2012-01-13

哈尔滨市罗曼饲料添加剂厂
许可证编号：饲预（2012）2456
注 册 地 址：黑龙江省哈尔滨市香坊区电碳路46号
生 产 地 址：黑龙江省哈尔滨市香坊区电碳路46号
有 效 期：2012年03月07日至2017年03月06日
发 证 日 期：2012-03-07

哈尔滨百捷牧业有限责任公司
许可证编号：饲预（2012）5049
注 册 地 址：黑龙江省哈尔滨市哈平路七公里
生 产 地 址：黑龙江省哈尔滨市哈平路七公里
有 效 期：2012年01月13日至2017年01月12日
发 证 日 期：2012-01-13

哈尔滨康成饲料有限公司
许可证编号：饲预（2012）5477
注 册 地 址：黑龙江省哈尔滨市道外区民主乡五星村
生 产 地 址：黑龙江省哈尔滨市道外区民主乡五星村
有 效 期：2012年03月07日至2017年03月06日
发 证 日 期：2012-03-07

哈尔滨大蓝生物科技有限公司
许可证编号：饲预（2012）6484
注 册 地 址：黑龙江省哈尔滨市香坊区向阳乡向阳村
生 产 地 址：黑龙江省哈尔滨市香坊区向阳乡向阳村
有 效 期：2012年01月13日至2017年01月12日
发 证 日 期：2012-01-13

哈尔滨捷农科技有限公司
许可证编号：饲预（2012）5202
注 册 地 址：黑龙江省哈尔滨市香坊区香发街12-3号
生 产 地 址：黑龙江省哈尔滨市香坊区香发街12-3号
有 效 期：2012年01月13日至2017年01月12日
发 证 日 期：2012-03-07

上 海 市

上海保斯利饲料有限公司
许可证编号：饲预（2012）2857
注 册 地 址：上海市嘉定区黄渡镇泥岗开发路138号2-3幢
生 产 地 址：上海市嘉定区黄渡镇泥岗开发路138号2-3幢
有 效 期：2012年06月11日至2017年06月10日
发 证 日 期：2012-06-11

上海金百瑞特生物科技有限公司
许可证编号：饲预（2012）3104
注 册 地 址：上海市嘉定区清河路150号3号楼3楼
生 产 地 址：上海市嘉定区浏翔公路4889-9号
有 效 期：2012年10月17日至2017年10月16日
发 证 日 期：2012-10-17

金朝生物科技（上海）有限公司
许可证编号：饲预（2012）3270
注 册 地 址：上海市嘉定区南翔镇嘉前路918号
生 产 地 址：上海市嘉定区南翔镇嘉前路918号
有 效 期：2012年09月03日至2017年09月02日
发 证 日 期：2012-09-03

上海洪菲生物技术有限公司
许可证编号：饲预（2012）6714
注 册 地 址：上海市松江区泖港镇强民工业区一期C区1号
生 产 地 址：上海市松江区泖港镇强民工业区一期C区1号
有 效 期：2012年07月09日至2017年07月08日
发 证 日 期：2012-07-09

上海澳全饲料有限公司
许可证编号：饲预（2012）2853
注 册 地 址：上海市松江区李塔经济城
生 产 地 址：上海市松江区李塔汇塔中路103号
有 效 期：2012年10月17日至2017年10月16日
发 证 日 期：2012-10-17

上海华亭化工厂有限公司
许可证编号：饲预（2012）6690
注 册 地 址：上海市嘉定区浏翔公路6700号
生 产 地 址：上海市嘉定区浏翔公路6700号
有 效 期：2012年07月09日至2017年07月08日
发 证 日 期：2012-07-09

上海红马饲料有限公司
许可证编号：饲预（2012）1602
注 册 地 址：上海市金山区廊下镇漕廊公路 6988 号
生 产 地 址：上海市金山区廊下镇漕廊公路 6988 号
有 效 期：2012 年 06 月 11 日至 2017 年 06 月 10 日
发 证 日 期：2012-06-11

上海富朗特动物保健有限公司
许可证编号：饲预（2012）3865
注 册 地 址：上海市金山区枫泾开发区建定路 169 号
生 产 地 址：上海市金山区枫泾开发区建定路 169 号
有 效 期：2012 年 04 月 17 日至 2017 年 04 月 16 日
发 证 日 期：2012-04-17

上海百树生物科技有限公司
许可证编号：饲预（2012）0243
注 册 地 址：上海市松江农业园区五库示范区中环路 1008 号
生 产 地 址：上海市松江区叶榭镇叶繁路 199 弄 5 号东楼
有 效 期：2012 年 04 月 17 日至 2017 年 04 月 16 日
发 证 日 期：2012-04-17

上海纽瑞茵生物技术有限公司
许可证编号：饲预（2012）4196
注 册 地 址：上海市奉贤区奉城镇兰博路 135 号
生 产 地 址：上海市奉贤区奉城镇兰博路 135 号
有 效 期：2012 年 06 月 11 日至 2017 年 06 月 10 日
发 证 日 期：2012-06-11

上海富捷饲料有限公司
许可证编号：饲预（2012）2805
注 册 地 址：上海市嘉定区外冈镇宝钱公路甘柏村
生 产 地 址：上海市嘉定区外冈镇宝钱公路甘柏村
有 效 期：2012 年 06 月 11 日至 2017 年 06 月 10 日
发 证 日 期：2012-06-11

上海增跃泰丰饲料科技有限公司
许可证编号：饲预（2012）6511
注 册 地 址：上海市嘉定区嘉松北路 878 号
生 产 地 址：上海市嘉定区华博路 801 号
有 效 期：2012 年 03 月 07 日至 2017 年 03 月 06 日
发 证 日 期：2012-03-07

上海金顶饲料有限公司
许可证编号：饲预（2012）0213
注 册 地 址：上海市嘉定区马陆镇沪宜公路 2872 号
生 产 地 址：上海市嘉定区华亭镇塔桥张店路 202-1 号
有 效 期：2012 年 04 月 17 日至 2017 年 04 月 16 日
发 证 日 期：2012-04-17

上海汇楠生物科技有限公司
许可证编号：饲预（2012）6676
注 册 地 址：上海市松江区新浜镇中心路 324 号 117 室
生 产 地 址：上海市金山区吕巷镇吕青公路 860 号
有 效 期：2012 年 06 月 11 日至 2017 年 06 月 10 日
发 证 日 期：2012-06-11

上海朝翔生物技术有限公司
许可证编号：饲预（2012）2854
注 册 地 址：上海市松江高新技术园区（玉树路 605 号 17 号厂房 B）
生 产 地 址：上海市松江区叶榭镇叶荣路 18 号
有 效 期：2012 年 04 月 17 日至 2017 年 04 月 16 日
发 证 日 期：2012-04-17

上海均龙饲料有限公司
许可证编号：饲预（2012）2616
注 册 地 址：上海市青浦区外青松公路 2419 号
生 产 地 址：上海市青浦区外青松公路 2419 号
有 效 期：2012 年 04 月 17 日至 2017 年 04 月 16 日
发 证 日 期：2012-04-17

埃富恩饲料科技（上海）有限公司
许可证编号：饲预（2012）5100
注 册 地 址：上海市松江区车新公路 185 号内 3 号厂房
生 产 地 址：上海市松江区车新公路 185 号内 3 号厂房
有 效 期：2012 年 06 月 11 日至 2017 年 06 月 10 日
发 证 日 期：2012-06-11

上海金童饲料有限公司
许可证编号：饲预（2012）2855
注 册 地 址：上海市金山区金张公路 2808 号
生 产 地 址：上海市金山区金张公路 2808 号
有 效 期：2012 年 09 月 03 日至 2017 年 09 月 02 日
发 证 日 期：2012-09-03

上海都灵饲料有限公司
许可证编号：饲预（2012）2500
注 册 地 址：上海市嘉定区马陆镇沪宜公路 2585 号
生 产 地 址：上海市嘉定区娄塘镇赵厅村 506 号
有 效 期：2012 年 03 月 07 日至 2017 年 03 月 06 日
发 证 日 期：2012-03-07

上海八维生物技术有限公司
许可证编号：饲预（2012）2952
注 册 地 址：上海市松江区新桥镇新润路 8 号一楼
生 产 地 址：上海市松江区新桥镇新润路 8 号一楼
有 效 期：2012 年 01 月 13 日至 2017 年 01 月 12 日
发 证 日 期：2012-01-13

江　苏　省

欧克江苏饲料有限公司
许可证编号：饲预（2012）2425
注 册 地 址：江苏省东台市经济开发区东进北路 88 号
生 产 地 址：江苏省东台市经济开发区东进北路 88 号
有　效　期：2012 年 03 月 07 日至 2017 年 03 月 06 日
发 证 日 期：2012 - 03 - 07

江苏华威农牧发展有限公司
许可证编号：饲预（2012）0526
注 册 地 址：江苏省淮安经济技术开发区经九路 10 号
生 产 地 址：江苏省淮安经济技术开发区经九路 10 号
有　效　期：2012 年 09 月 03 日至 2017 年 09 月 02 日
发 证 日 期：2012 - 09 - 03

苏州绿康元生物科技有限公司
许可证编号：饲预（2012）6627
注 册 地 址：江苏省苏州市吴中区越溪街道天鹅荡路 4 号 7 幢
生 产 地 址：江苏省苏州市吴中区越溪街道天鹅荡路 4 号 7 幢
有　效　期：2012 年 06 月 11 日至 2017 年 06 月 10 日
发 证 日 期：2012 - 06 - 11

无锡英尔特生物科技有限公司
许可证编号：饲预（2012）4703
注 册 地 址：江苏省无锡市新区城南路 223 - 5 号
生 产 地 址：江苏省无锡市新区城南路 223 - 5 号
有　效　期：2012 年 04 月 17 日至 2017 年 04 月 16 日
发 证 日 期：2012 - 04 - 17

南通市大福饲料有限责任公司
许可证编号：饲预（2012）6576
注 册 地 址：江苏省海安县开发区余庄村五组
生 产 地 址：江苏省海安县开发区余庄村五组
有　效　期：2012 年 04 月 17 日至 2017 年 04 月 16 日
发 证 日 期：2012 - 04 - 17

江苏绿科生物技术有限公司
许可证编号：饲预（2012）6574
注 册 地 址：江苏省高邮市秦邮路 199 号
生 产 地 址：江苏省高邮市秦邮路 92 号
有　效　期：2012 年 04 月 17 日至 2017 年 04 月 16 日
发 证 日 期：2012 - 04 - 17

金宝（无锡）添加剂科技有限公司
许可证编号：饲预（2012）6788
注 册 地 址：江苏省无锡市锡山经济开发区东区东盛路以西，胶山路以南
生 产 地 址：江苏省无锡市锡山区安镇东盛路 2129 号
有　效　期：2012 年 10 月 17 日至 2017 年 10 月 16 日
发 证 日 期：2012 - 10 - 17

南通兵哥哥生物饲料有限公司
许可证编号：饲预（2012）6616
注 册 地 址：江苏省如东县岔河镇银河工业园区北路 88 号
生 产 地 址：江苏省如东县岔河镇银河工业园区北路 88 号
有　效　期：2012 年 06 月 11 日至 2017 年 06 月 10 日
发 证 日 期：2012 - 06 - 11

南京百禾冠尔饲料有限公司
许可证编号：饲预（2012）4984
注 册 地 址：江苏省南京市栖霞区马群街道马群科技园区
生 产 地 址：江苏省南京市栖霞区马群工业园天马路 6 号
有　效　期：2012 年 04 月 17 日至 2017 年 04 月 16 日
发 证 日 期：2012 - 04 - 17

无锡市中江饲料有限公司
许可证编号：饲预（2012）2426
注 册 地 址：江苏省宜兴市范道桃园工业区
生 产 地 址：江苏省宜兴市范道桃园工业区
有　效　期：2012 年 04 月 17 日至 2017 年 04 月 16 日
发 证 日 期：2012 - 04 - 17

徐州天意动物药业有限公司
许可证编号：饲预（2012）6575
注 册 地 址：江苏省徐州市睢宁县南环路工业园 A 区
生 产 地 址：江苏省徐州市睢宁县南环路工业园 A 区
有　效　期：2012 年 04 月 17 日至 2017 年 04 月 16 日
发 证 日 期：2012 - 04 - 17

南京茵伟药业有限公司
许可证编号：饲预（2012）6573
注 册 地 址：江苏省南京市浦口区星甸镇工业园纬三路十号
生 产 地 址：江苏省南京市浦口区星甸镇工业园纬三路十号
有　效　期：2012 年 04 月 17 日至 2017 年 04 月 16 日
发 证 日 期：2012 - 04 - 17

南通市第二兽药厂有限公司
许可证编号：饲预（2012）2473
注 册 地 址：江苏省如东县双甸镇工业园区
生 产 地 址：江苏省如东县双甸镇工业园区
有 效 期：2012年03月07日至2017年03月06日
发 证 日 期：2012-03-07

徐州市天地人饲料科技有限公司
许可证编号：饲预（2012）6531
注 册 地 址：江苏省徐州市复兴北路延长段北货场北200米
生 产 地 址：江苏省徐州市复兴北路延长段北货场北200米
有 效 期：2012年03月07日至2017年03月06日
发 证 日 期：2012-03-07

扬州瑞尔生物技术有限公司
许可证编号：饲预（2012）4818
注 册 地 址：江苏省扬州市沙头镇创业路9号
生 产 地 址：江苏省扬州市沙头镇创业路9号
有 效 期：2012年03月07日至2017年03月06日
发 证 日 期：2012-03-07

徐州三农生物科技有限公司
许可证编号：饲预（2012）5091
注 册 地 址：江苏省邳州市陈楼工业园区
生 产 地 址：江苏省邳州市陈楼工业园区
有 效 期：2012年06月11日至2017年06月10日
发 证 日 期：2012-06-11

南通新新动物营养保健品有限公司
许可证编号：饲预（2012）5181
注 册 地 址：江苏省海安县城东镇五坝海防路北延伸段
生 产 地 址：江苏省海安县城东镇五坝海防路北延伸段
有 效 期：2012年06月11日至2017年06月10日
发 证 日 期：2012-06-11

徐州市立华畜禽有限公司
许可证编号：饲预（2012）6633
注 册 地 址：江苏省邳州市戴圩镇王场村
生 产 地 址：江苏省邳州市戴圩镇王场村
有 效 期：2012年06月11日至2017年06月10日
发 证 日 期：2012-06-11

淮安普瑞纳饲料有限公司
生产许可证编号：饲预（2012）6645
注 册 地 址：江苏省淮安市淮阴城北工业园幸福路
生 产 地 址：江苏省淮安市淮阴城北工业园幸福路
有 效 期：2012年06月11日至2017年06月10日
发 证 日 期：2012-06-11

江苏南农高科动物药业有限公司
许可证编号：饲预（2012）6532
注 册 地 址：江苏省姜堰市姜官路北首
生 产 地 址：江苏省姜堰市姜官路北首
有 效 期：2012年03月07日至2017年03月06日
发 证 日 期：2012-03-07

无锡捷成宝生物科技有限公司
许可证编号：饲预（2012）6530
注 册 地 址：江苏省无锡市新区长江南路29号
生 产 地 址：江苏省无锡市新区长江南路29号
有 效 期：2012年03月07日至2017年03月06日
发 证 日 期：2012-03-07

无锡天竞高科生物技术有限公司
许可证编号：饲预（2012）3970
注 册 地 址：江苏省无锡市新区硕放南开路98号
生 产 地 址：江苏省无锡市新区硕放南开路98号
有 效 期：2012年06月11日至2017年06月10日
发 证 日 期：2012-06-11

徐州普天饲料有限公司
许可证编号：饲预（2012）5109
注 册 地 址：江苏省徐州市大郭庄机场南路18号
生 产 地 址：江苏省徐州市大郭庄机场南路18号
有 效 期：2012年06月11日至2017年06月10日
发 证 日 期：2012-06-11

雨润慕德生物科技（连云港）有限公司
许可证编号：饲预（2012）6632
注 册 地 址：江苏省连云港市东海经济开发区东区
生 产 地 址：江苏省连云港市东海经济开发区东区
有 效 期：2012年06月11日至2017年06月10日
发 证 日 期：2012-06-11

徐州市方圆饲料科技有限公司
许可证编号：饲预（2012）6634
注 册 地 址：江苏省徐州市金山桥经济开发区杨山路延长段
生 产 地 址：江苏省徐州市金山桥经济开发区杨山路延长段
有 效 期：2012年06月11日至2017年06月10日
发 证 日 期：2012-06-11

太仓广东温氏家禽有限公司
生产许可证编号：饲预（2012）6646
注 册 地 址：江苏省太仓市城厢镇新毛区白云南路1008号
生 产 地 址：江苏省太仓市城厢镇新毛区白云南路1008号
有 效 期：2012年06月11日至2017年06月10日
发 证 日 期：2012-06-11

宿迁大北农饲料有限责任公司
生产许可证编号：饲预（2012）6647
注 册 地 址：江苏省宿迁市经济开发区（南区）华夏大道51号
生 产 地 址：江苏省宿迁市经济开发区（南区）华夏大道51号
有　效　期：2012年06月11日至2017年06月10日
发 证 日 期：2012-06-11

浙　江　省

杭州民生生物科技有限公司
许可证编号：饲预（2012）0312
注 册 地 址：浙江省杭州市拱墅区余杭塘路108号
生 产 地 址：浙江省湖州市安吉县递铺镇阳光工业园区（健康园区）
有　效　期：2012年12月18日至2017年12月17日
发 证 日 期：2012-12-18

建德市红都饲料有限公司
许可证编号：饲预（2012）5098
注 册 地 址：浙江省建德市下涯镇工业功能区
生 产 地 址：浙江省建德市下涯镇工业功能区
有　效　期：2012年10月17日至2017年10月16日
发 证 日 期：2012-10-17

乐清田丰生物科技有限公司
许可证编号：饲预（2012）6755
注 册 地 址：浙江省乐清市石帆街道绅坊工业园区B座
生 产 地 址：浙江省乐清市石帆街道绅坊工业园区B座
有　效　期：2012年09月03日至2017年09月02日
发 证 日 期：2012-09-03

杭州硕丰饲料科技有限公司
许可证编号：饲预（2012）5195
注 册 地 址：浙江省杭州市余杭区瓶窑镇
生 产 地 址：浙江省杭州市余杭区瓶窑镇崇化村
有　效　期：2012年07月09日至2017年07月08日
发 证 日 期：2012-07-09

浙江汇丰世邦生物工程有限公司
许可证编号：饲预（2012）6711
注 册 地 址：浙江省建德市乾潭镇后山村
生 产 地 址：浙江省建德市乾潭镇后山村
有　效　期：2012年07月09日至2017年07月08日
发 证 日 期：2012-07-09

杭州天虹饲料技术开发有限公司
许可证编号：饲预（2012）2821
注 册 地 址：浙江省杭州市三墩镇南蔡村
生 产 地 址：浙江省杭州市三墩镇南蔡村
有　效　期：2012年12月18日至2017年12月17日
发 证 日 期：2012-12-18

衢州贝尔动物保健品有限公司
许可证编号：饲预（2012）5051
注 册 地 址：浙江省衢州市衢江区
生 产 地 址：浙江省衢州市沈家工业园区高塘路19号
有　效　期：2012年10月17日至2017年10月16日
发 证 日 期：2012-10-17

新昌县顺丰生物科技有限公司
许可证编号：饲预（2012）5269
注 册 地 址：浙江省新昌县羽林街道长诏村
生 产 地 址：浙江省新昌县羽林街道长诏村
有　效　期：2012年07月09日至2017年07月08日
发 证 日 期：2012-07-09

衢州市大南农动物保健品有限公司
许可证编号：饲预（2012）2292
注 册 地 址：浙江省衢州市衢江开发区春苑中路17号
生 产 地 址：浙江省衢州市衢江开发区春苑中路17号
有　效　期：2012年07月09日至2017年07月08日
发 证 日 期：2012-07-09

浙江皇冠科技有限公司
许可证编号：饲预（2012）6710
注 册 地 址：浙江省杭州市西湖区黄姑山路40号402室
生 产 地 址：浙江省杭州市西湖区双浦桥镇板桥村余家畈组
有　效　期：2012年07月09日至2017年07月08日
发 证 日 期：2012-07-09

湖州博信生物科技有限公司
许可证编号：饲预（2012）6659
注 册 地 址：浙江省安吉县梅溪镇临港工业园区
生 产 地 址：浙江省安吉县梅溪镇临港工业园区
有　效　期：2012 年 06 月 11 日至 2017 年 06 月 10 日
发 证 日 期：2012 - 06 - 11

诸暨万欣生物科技有限公司
许可证编号：饲预（2012）6660
注 册 地 址：浙江省诸暨市店口镇朱家站村朱一自然村
生 产 地 址：浙江省诸暨市店口镇朱家站村朱一自然村
有　效　期：2012 年 06 月 11 日至 2017 年 06 月 10 日
发 证 日 期：2012 - 06 - 11

嘉兴市天鸿生物科技有限公司
许可证编号：饲预（2012）4972
注 册 地 址：浙江省嘉兴七星镇工业园区东大南路
生 产 地 址：浙江省嘉兴七星镇工业园区东大南路
有　效　期：2012 年 04 月 17 日至 2017 年 04 月 16 日
发 证 日 期：2012 - 04 - 17

建德市大成饲料厂
许可证编号：饲预（2012）6602
注 册 地 址：浙江省建德市下涯镇下涯村商业街
生 产 地 址：浙江省建德市下涯镇下涯村商业街
有　效　期：2012 年 04 月 17 日至 2017 年 04 月 16 日
发 证 日 期：2012 - 04 - 17

金华市双鹏生物技术有限公司
许可证编号：饲预（2012）2652
注 册 地 址：浙江省金华市婺城区蒋堂镇
生 产 地 址：浙江省金华市婺城区蒋堂镇
有　效　期：2012 年 03 月 07 日至 2017 年 03 月 06 日
发 证 日 期：2012 - 03 - 07

湖州璟宝饲料添加剂有限公司
许可证编号：饲预（2012）0340
注 册 地 址：浙江省湖州市杨家埠果木园路 118 号
生 产 地 址：浙江省湖州市杨家埠果木园路 118 号
有　效　期：2012 年 01 月 13 日至 2017 年 01 月 12 日
发 证 日 期：2012 - 01 - 13

杭州宁电新瑞生物技术有限公司
许可证编号：饲预（2012）2820
注 册 地 址：浙江省杭州市余杭区崇贤街道芙蓉路 2 号
生 产 地 址：浙江省杭州市余杭区崇贤街道芙蓉路 2 号
有　效　期：2012 年 09 月 03 日至 2017 年 09 月 02 日
发 证 日 期：2012 - 09 - 03

新昌县康一生物技术有限公司
许可证编号：饲预（2012）6630
注 册 地 址：浙江省新昌县七星街道上礼泉
生 产 地 址：浙江省新昌县七星街道上礼泉
有　效　期：2012 年 06 月 11 日至 2017 年 06 月 10 日
发 证 日 期：2012 - 06 - 11

衢州市柯城康鼎饲料添加剂厂
许可证编号：饲预（2012）5167
注 册 地 址：浙江省衢州市黄家街道宣家村
生 产 地 址：浙江省衢州市黄家街道宣家村
有　效　期：2012 年 04 月 17 日至 2017 年 04 月 16 日
发 证 日 期：2012 - 04 - 17

杭州临安牧宝生物技术有限公司
许可证编号：饲预（2012）6558
注 册 地 址：浙江省杭州临安太阳镇工业功能区
生 产 地 址：浙江省杭州临安太阳镇工业功能区
有　效　期：2012 年 04 月 17 日至 2017 年 04 月 16 日
发 证 日 期：2012 - 04 - 17

浙江维尔新动物营养保健品有限公司
许可证编号：饲预（2012）4971
注 册 地 址：浙江省新昌县高新园区（梅渚）
生 产 地 址：浙江省新昌县高新园区（梅渚）
有　效　期：2012 年 01 月 13 日至 2017 年 01 月 12 日
发 证 日 期：2012 - 01 - 13

浙江绿发饲料科技有限公司
许可证编号：饲预（2012）6467
注 册 地 址：浙江省义乌市义亭镇振兴路 8 号
生 产 地 址：浙江省义乌市义亭镇振兴路 8 号
有　效　期：2012 年 01 月 13 日至 2017 年 01 月 12 日
发 证 日 期：2012 - 01 - 13

安 徽 省

合肥大西农生物科技有限公司

许可证编号：饲预（2012）4998
注 册 地 址：安徽省合肥市肥东新城开发区
生 产 地 址：安徽省合肥市肥东县新城区合店路龙东工业园
有　效　期：2012 年 12 月 18 日至 2017 年 12 月 17 日
发 证 日 期：2012 - 12 - 18

安徽丰佑生物科技有限公司

许可证编号：饲预（2012）6814
注 册 地 址：安徽省合肥市新站区站北新区三元产业园
生 产 地 址：安徽省合肥市新站区站北新区三元产业园
有　效　期：2012 年 12 月 18 日至 2017 年 12 月 17 日
发 证 日 期：2012 - 12 - 18

淮北市江友饲料有限公司

许可证编号：饲预（2012）5114
注 册 地 址：安徽省淮北市相山区渠沟镇
生 产 地 址：安徽省淮北市相山区渠沟镇前黄
有　效　期：2012 年 12 月 18 日至 2017 年 12 月 17 日
发 证 日 期：2012 - 12 - 18

安徽养正饲料有限公司

许可证编号：饲预（2012）6641
注 册 地 址：安徽省合肥市肥东县撮镇镇马桥居委会店忠路西侧
生 产 地 址：安徽省合肥市肥东县撮镇镇马桥居委会店忠路西侧
有　效　期：2012 年 06 月 11 日至 2017 年 06 月 10 日
发 证 日 期：2012 - 06 - 11

奥格生物技术（六安）有限公司

许可证编号：饲预（2012）6618
注 册 地 址：安徽省六安经济开发区寿县路
生 产 地 址：安徽省六安经济开发区寿县路
有　效　期：2012 年 06 月 11 日至 2017 年 06 月 10 日
发 证 日 期：2012 - 06 - 11

安徽丰原发酵技术工程研究有限公司

许可证编号：饲预（2012）6789
注 册 地 址：安徽省蚌埠市淮上区怀五路南侧
生 产 地 址：安徽省蚌埠市淮上区怀五路南侧
有　效　期：2012 年 10 月 17 日至 2017 年 10 月 16 日
发 证 日 期：2012 - 10 - 17

安徽省领航动物保健品有限责任公司

许可证编号：饲预（2012）6824
注 册 地 址：安徽省阜阳市颍州区经济开发区州十五路东侧
生 产 地 址：安徽省阜阳市颍州区经济开发区州十五路东侧
有　效　期：2012 年 12 月 18 日至 2017 年 12 月 17 日
发 证 日 期：2012 - 12 - 18

安徽青青饲料有限公司

许可证编号：饲预（2012）6817
注 册 地 址：安徽省阜阳市工商局
生 产 地 址：安徽省阜阳市颍泉区阜阳工业园
有　效　期：2012 年 12 月 18 日至 2017 年 12 月 17 日
发 证 日 期：2012 - 12 - 18

安徽申亚农牧科技股份有限公司

许可证编号：饲预（2012）6651
注 册 地 址：安徽省阜阳市工业园东坡路与管庄路交叉西北角
生 产 地 址：安徽省阜阳市工业园东坡路与管庄路交叉西北角
有　效　期：2012 年 06 月 11 日至 2017 年 06 月 10 日
发 证 日 期：2012 - 06 - 11

安徽科尔药业有限公司

许可证编号：饲预（2012）5147
注 册 地 址：安徽省桐城市民营经济开发区
生 产 地 址：安徽省桐城市科尔工业园
有　效　期：2012 年 10 月 17 日至 2017 年 10 月 16 日
发 证 日 期：2012 - 10 - 17

泗县天力生物科技有限公司

许可证编号：饲预（2012）5224
注 册 地 址：安徽省泗县经济开发区二环路中段北
生 产 地 址：安徽省泗县经济开发区二环路中段北
有　效　期：2012 年 06 月 11 日至 2017 年 06 月 10 日
发 证 日 期：2012 - 06 - 11

深圳康达尔（安徽）饲料有限公司

许可证编号：饲预（2012）2577
注 册 地 址：安徽省萧县城西八公里
生 产 地 址：安徽省萧县城西八公里
有　效　期：2012 年 04 月 17 日至 2017 年 04 月 16 日
发 证 日 期：2012 - 04 - 17

安徽省浩农生物技术有限公司
许可证编号：饲预（2012）6554
注 册 地 址：安徽省六安市经济开发区金凤凰财富广场 1# 12 - 13 号
生 产 地 址：安徽省六安市经济开发区纵二路
有　效　期：2012 年 04 月 17 日至 2017 年 04 月 16 日
发 证 日 期：2012 - 04 - 17

安徽佳旺生物科技有限公司
许可证编号：饲预（2012）6553
注 册 地 址：安徽省合肥市长丰县双凤工业区金华路 20 号
生 产 地 址：安徽省合肥市长丰县双凤工业区金华路 20 号
有　效　期：2012 年 04 月 17 日至 2017 年 04 月 16 日
发 证 日 期：2012 - 04 - 17

合肥东升牧业有限公司
许可证编号：饲预（2012）4997
注 册 地 址：安徽省合肥市龙塘工业聚集区
生 产 地 址：安徽省合肥市龙塘工业聚集区
有　效　期：2012 年 06 月 11 日至 2017 年 06 月 10 日
发 证 日 期：2012 - 06 - 11

合肥立华畜禽有限公司
许可证编号：饲预（2012）6768
注 册 地 址：安徽省合肥市长丰县双墩镇湖滨村
生 产 地 址：安徽省合肥市长丰县双墩镇湖滨村
有　效　期：2012 年 10 月 17 日至 2017 年 10 月 16 日
发 证 日 期：2012 - 10 - 17

芜湖神农百草生物科技有限公司
许可证编号：饲预（2012）6555
注 册 地 址：安徽省繁昌县经济开发区
生 产 地 址：安徽省繁昌县经济开发区
有　效　期：2012 年 04 月 17 日至 2017 年 04 月 16 日
发 证 日 期：2012 - 04 - 17

安徽省康地新技术有限公司
许可证编号：饲预（2012）2812
注 册 地 址：安徽省合肥市濉溪路 312 号
生 产 地 址：安徽省合肥市新站开发区新丰路
有　效　期：2012 年 10 月 17 日至 2017 年 10 月 16 日
发 证 日 期：2012 - 10 - 17

安徽天浩生物技术有限责任公司
许可证编号：饲预（2012）6740
注 册 地 址：安徽省合肥市长丰县岗集镇
生 产 地 址：安徽省合肥市长丰县岗集镇
有　效　期：2012 年 09 月 03 日至 2017 年 09 月 02 日
发 证 日 期：2012 - 09 - 03

淮北普成饲料有限公司
许可证编号：饲预（2012）6479
注 册 地 址：安徽省淮北市濉溪县开发区玉兰大道
生 产 地 址：安徽省淮北市濉溪县开发区玉兰大道
有　效　期：2012 年 01 月 13 日至 2017 年 01 月 12 日
发 证 日 期：2012 - 01 - 13

福　建　省

莆田日升昌盛饲料有限公司
许可证编号：饲预（2012）5425
注 册 地 址：福建省莆田市涵江区高新园区（福建省莆田市名星仓储有限公司内）
生 产 地 址：福建省莆田市涵江区高新园区（福建省莆田市名星仓储有限公司内）
有　效　期：2012 年 12 月 18 日至 2017 年 12 月 17 日
发 证 日 期：2012 - 12 - 18

龙岩市百特饲料科技有限公司
许可证编号：饲预（2012）3323
注 册 地 址：福建省龙岩市新罗区东城东宝山
生 产 地 址：福建省龙岩市新罗区东城东宝山
有　效　期：2012 年 12 月 18 日至 2017 年 12 月 17 日
发 证 日 期：2012 - 12 - 18

厦门好润生物科技有限公司
许可证编号：饲预（2012）6738
注 册 地 址：福建省厦门市思明区槟榔西里 121 号 202 室
生 产 地 址：福建省厦门市海沧区东孚镇后柯村北区 11 号 1 号厂房
有　效　期：2012 年 09 月 03 日至 2017 年 09 月 02 日
发 证 日 期：2012 - 09 - 03

福州宇昌实业有限公司
许可证编号：饲预（2012）6737
注 册 地 址：福建省福州市福州开发区长安投资区 2 - 7 号地
生 产 地 址：福建省福州市福州开发区长安投资区 2 - 7 号地
有　效　期：2012 年 09 月 03 日至 2017 年 09 月 02 日
发 证 日 期：2012 - 09 - 03

福州恒力达饲料有限公司
许可证编号：饲预（2012）2817
注 册 地 址：福建省福州市仓山区螺洲杜园房管站 5 号楼
生 产 地 址：福建省福州市仓山区螺洲杜园房管站 5 号楼
有　效　期：2012 年 06 月 11 日至 2017 年 06 月 10 日
发 证 日 期：2012 - 06 - 11

漳州市国寿饲料有限公司
许可证编号：饲预（2012）5006
注 册 地 址：福建省龙海市东园镇厚境村
生 产 地 址：福建省龙海市东园镇厚境村
有　效　期：2012 年 06 月 11 日至 2017 年 06 月 10 日
发 证 日 期：2012 - 06 - 11

厦门绿新发生物科技有限公司
许可证编号：饲预（2012）6653
注 册 地 址：福建省厦门市思明区厦禾路 784 号后钻石楼三楼 B 单元 301 室
生 产 地 址：福建省厦门市海沧区吴冠村桃仔园
有　效　期：2012 年 06 月 11 日至 2017 年 06 月 10 日
发 证 日 期：2012 - 06 - 11

南平市辉日牧业有限公司
许可证编号：饲预（2012）5123
注 册 地 址：福建省南平市延平区炉下镇炉下村炉下街水尾桥
生 产 地 址：福建省南平市延平区炉下镇工业园区
有　效　期：2012 年 09 月 03 日至 2017 年 09 月 02 日
发 证 日 期：2012 - 09 - 03

龙岩市益发畜牧发展有限公司
许可证编号：饲预（2012）3111
注 册 地 址：福建省龙岩市新罗区东城南环东路 48 号
生 产 地 址：福建省龙岩市新罗区东城南环东路 48 号
有　效　期：2012 年 06 月 11 日至 2017 年 06 月 10 日
发 证 日 期：2012 - 06 - 11

厦门市凤来仪农牧技术有限公司
许可证编号：饲预（2012）3110
注 册 地 址：福建省厦门市集美区杏林村二房尾
生 产 地 址：福建省厦门市集美区杏林苑亭路 368 号
有　效　期：2012 年 09 月 03 日至 2017 年 09 月 02 日
发 证 日 期：2012 - 09 - 03

福建福大百特科技发展有限公司
许可证编号：饲预（2012）6654
注 册 地 址：福建省福州开发区快安延伸区 17 号地
生 产 地 址：福建省福州市晋安区宦溪镇工业园
有　效　期：2012 年 06 月 11 日至 2017 年 06 月 10 日
发 证 日 期：2012 - 06 - 11

漳州市桂龙生物技术有限公司
许可证编号：饲预（2012）6656
注 册 地 址：福建省漳州市龙海市海澄镇豆巷村
生 产 地 址：福建省漳州市龙海市海澄镇豆巷村
有　效　期：2012 年 06 月 11 日至 2017 年 06 月 10 日
发 证 日 期：2012 - 06 - 11

厦门百穗行科技股份有限公司
许可证编号：饲预（2012）6655
注 册 地 址：福建省厦门市同安区城南工业区霞辉路 1 - 7 号
生 产 地 址：福建省厦门市同安区城南工业区霞辉路 1 - 7 号
有　效　期：2012 年 06 月 11 日至 2017 年 06 月 10 日
发 证 日 期：2012 - 06 - 11

龙岩市卓创动物营养有限公司
许可证编号：饲预（2012）3175
注 册 地 址：福建省龙岩市南环东路 4 号
生 产 地 址：福建省龙岩市南环东路 4 号（东宝开发区）
有　效　期：2012 年 06 月 11 日至 2017 年 06 月 10 日
发 证 日 期：2012 - 06 - 11

厦门市大百利农牧有限公司
许可证编号：饲预（2012）3016
注 册 地 址：福建省厦门市同安区大同镇西池小区 B - 5 号 205 室
生 产 地 址：福建省厦门市同安区五显镇上厝村
有　效　期：2012 年 06 月 11 日至 2017 年 06 月 10 日
发 证 日 期：2012 - 06 - 11

福州大福有限公司
许可证编号：饲预（2012）5001
注 册 地 址：福建省马尾区罗星路 44 号
生 产 地 址：福建省马尾区罗星路 44 号
有　效　期：2012 年 09 月 03 日至 2017 年 09 月 02 日
发 证 日 期：2012 - 09 - 03

莆田市康华饲料有限公司

许可证编号：饲预（2012）6624
注 册 地 址：福建省莆田市灵川镇东进工业区
生 产 地 址：福建省莆田市灵川镇东进工业区
有 效 期：2012年06月11日至2017年06月10日
发 证 日 期：2012-06-11

安佑（漳州）饲料科技有限公司

许可证编号：饲预（2012）2583
注 册 地 址：福建省漳州市蓝田工业开发区西干道
生 产 地 址：福建省漳州市蓝田工业开发区西干道
有 效 期：2012年06月11日至2017年06月10日
发 证 日 期：2012-06-11

莆田市康达科技饲料有限公司

许可证编号：饲预（2012）4985
注 册 地 址：福建省莆田市城厢区华亭镇长岭村福厦路128公里处
生 产 地 址：福建省莆田市城厢区华亭镇长岭村福厦路128公里处
有 效 期：2012年04月17日至2017年04月16日
发 证 日 期：2012-04-17

厦门北普动物保健有限公司

许可证编号：饲预（2012）6571
注 册 地 址：福建省厦门市同安区五显镇后塘村后塘里212号
生 产 地 址：福建省厦门市同安区五显镇后塘村后塘里212号
有 效 期：2012年04月17日至2017年04月16日
发 证 日 期：2012-04-17

福州市集友农业开发有限公司

许可证编号：饲预（2012）6572
注 册 地 址：福建省福州市湖东路168号宏利大厦二十层B1、C单元
生 产 地 址：福建省福州市晋安区新店镇赤星村李园68号
有 效 期：2012年04月17日至2017年04月16日
发 证 日 期：2012-04-17

厦门隆励工贸有限公司

许可证编号：饲预（2012）6564
注 册 地 址：福建省厦门市同安区洪塘镇新学二路185号
生 产 地 址：福建省厦门市同安区洪塘镇新学二路185号
有 效 期：2012年04月17日至2017年04月16日
发 证 日 期：2012-04-17

厦门百维康生物科技有限公司

许可证编号：饲预（2012）6739
注 册 地 址：福建省厦门市火炬高新区创业园创业大厦421
生 产 地 址：福建省厦门市同安工业集中区思明园182号
有 效 期：2012年09月03日至2017年09月02日
发 证 日 期：2012-09-03

厦门味莱饲料科技有限公司

许可证编号：饲预（2012）5151
注 册 地 址：福建省厦门市集美区后溪镇鹰山工业区C区
生 产 地 址：福建省厦门市集美区后溪镇鹰山工业区C区
有 效 期：2012年09月03日至2017年09月02日
发 证 日 期：2012-09-03

厦门创和美饲料科技有限公司

许可证编号：饲预（2012）6565
注 册 地 址：福建省厦门市翔安区马巷镇五星村
生 产 地 址：福建省厦门市翔安区马巷镇五星村
有 效 期：2012年04月17日至2017年04月16日
发 证 日 期：2012-04-17

厦门德百特生物科技有限公司

许可证编号：饲预（2012）3768
注 册 地 址：福建省厦门市海沧区东孚镇莲花村莲花社84号
生 产 地 址：福建省厦门市海沧区东孚镇莲花村莲花社84号
有 效 期：2012年03月07日至2017年03月06日
发 证 日 期：2012-03-07

福建省建阳佳星动物药业有限公司

许可证编号：饲预（2012）6563
注 册 地 址：福建省南平市建阳市塔下工业园区白茶铺
生 产 地 址：福建省南平市建阳市塔下工业园区
有 效 期：2012年04月17日至2017年04月16日
发 证 日 期：2012-04-17

福州东坤饲料有限公司

许可证编号：饲预（2012）6516
注 册 地 址：福建省福州市闽侯县祥谦龙泰工业城
生 产 地 址：福建省福州市闽侯县祥谦龙泰工业城
有 效 期：2012年03月07日至2017年03月06日
发 证 日 期：2012-03-07

福建省金农威饲料有限公司

许可证编号：饲预（2012）6461
注 册 地 址：福建省长泰县经济开发区兴泰工业园区
生 产 地 址：福建省长泰县经济开发区兴泰工业园区
有　效　期：2012年01月13日至2017年01月12日
发 证 日 期：2012-01-13

江　西　省

九江大成制药有限公司

许可证编号：饲预（2012）6753
注 册 地 址：江西省共青城工业新区南纬一路
生 产 地 址：江西省共青城工业新区南纬一路
有　效　期：2012年09月03日至2017年09月02日
发 证 日 期：2012-09-03

赣州市康王科技饲料发展有限公司

许可证编号：饲预（2012）2544
注 册 地 址：江西省赣州市水东镇
生 产 地 址：江西省赣州市水东镇
有　效　期：2012年09月03日至2017年09月02日
发 证 日 期：2012-09-03

广丰县上上生物科技有限公司

许可证编号：饲预（2012）5249
注 册 地 址：江西省上饶市广丰县工业园建业路
生 产 地 址：江西省上饶市广丰县工业园建业路
有　效　期：2012年09月03日至2017年09月02日
发 证 日 期：2012-09-03

江西大北农科技有限责任公司

许可证编号：饲预（2012）6751
注 册 地 址：江西省南昌市进贤县温圳镇新型工业基地
生 产 地 址：江西省南昌市进贤县温圳镇新型工业基地
有　效　期：2012年09月03日至2017年09月02日
发 证 日 期：2012-09-03

江西省特邦动物药业有限公司

许可证编号：饲预（2012）6716
注 册 地 址：江西省抚州市金溪县工业园A区3号路
生 产 地 址：江西省抚州市金溪县工业园A区3号路
有　效　期：2012年07月09日至2017年07月08日
发 证 日 期：2012-07-09

江西华达牧业有限公司

许可证编号：饲预（2012）2550
注 册 地 址：江西省南昌市蛟桥镇
生 产 地 址：江西省南昌市蛟桥镇
有　效　期：2012年09月03日至2017年09月02日
发 证 日 期：2012-09-03

赣州市利华兽药有限公司

许可证编号：饲预（2012）5056
注 册 地 址：江西省赣州市赣县洋塘工业区
生 产 地 址：江西省赣州市赣县洋塘工业区
有　效　期：2012年09月03日至2017年09月02日
发 证 日 期：2012-09-03

南昌市自然风生物技术有限公司

许可证编号：饲预（2012）2939
注 册 地 址：江西省南昌市郊区蛟桥下罗村
生 产 地 址：江西省南昌市经济技术开发区下罗
有　效　期：2012年09月03日至2017年09月02日
发 证 日 期：2012-09-03

江西省火红动物保健品有限公司

许可证编号：饲预（2012）6702
注 册 地 址：江西省进贤县文港镇前途街
生 产 地 址：江西省进贤县文港镇前途街
有　效　期：2012年07月09日至2017年07月08日
发 证 日 期：2012-07-09

江西创导动物保健品有限公司

许可证编号：饲预（2012）5175
注 册 地 址：江西省南昌小蓝经济开发区工业大道398号
生 产 地 址：江西省南昌小蓝经济开发区工业大道398号
有　效　期：2012年07月09日至2017年07月08日
发 证 日 期：2012-07-09

南昌市明佳科技有限公司
许可证编号：饲预（2012）2940
注 册 地 址：江西省南昌市新建县望城镇
生 产 地 址：江西省南昌市新建县望城镇
有　效　期：2012年07月09日至2017年07月08日
发 证 日 期：2012-07-09

江西中生联合生物技术有限公司
许可证编号：饲预（2012）5206
注 册 地 址：江西省南昌市新建县长堎工业二区
生 产 地 址：江西省南昌市新建县长堎工业二区
有　效　期：2012年07月09日至2017年07月08日
发 证 日 期：2012-07-09

江西省科学院生物保健品厂
许可证编号：饲预（2012）6715
注 册 地 址：江西省南昌市上坊路382号
生 产 地 址：江西省南昌市上坊路382号
有　效　期：2012年07月09日至2017年07月08日
发 证 日 期：2012-07-09

江西兴鼎科技有限公司
许可证编号：饲预（2012）6705
注 册 地 址：江西省南昌市新祺周桑海经济开发区桑海大道
生 产 地 址：江西省南昌市新祺周桑海经济开发区桑海大道
有　效　期：2012年07月09日至2017年07月08日
发 证 日 期：2012-07-09

南昌大佑农生物科技有限公司
许可证编号：饲预（2012）5054
注 册 地 址：江西省南昌国家经济技术开发区丁香路
生 产 地 址：江西省南昌国家经济技术开发区丁香路
有　效　期：2012年04月17日至2017年04月16日
发 证 日 期：2012-04-17

江西永惠实业有限公司
许可证编号：饲预（2012）6535
注 册 地 址：江西省抚州市临川大道中段
生 产 地 址：江西省抚州市临川大道中段
有　效　期：2012年03月07日至2017年03月06日
发 证 日 期：2012-03-07

南昌傲农生物科技有限公司
许可证编号：饲预（2012）6514
注 册 地 址：江西省南昌市南昌经济技术开发区海棠路
生 产 地 址：江西省南昌市南昌经济技术开发区海棠路
有　效　期：2012年03月07日至2017年03月06日
发 证 日 期：2012-03-07

江西新干三径饲料有限公司
许可证编号：饲预（2012）5055
注 册 地 址：江西省新干县大洋洲程家
生 产 地 址：江西省新干县大洋洲程家
有　效　期：2012年07月09日至2017年07月08日
发 证 日 期：2012-07-09

江西中成人药业有限公司
许可证编号：饲预（2012）5223
注 册 地 址：江西省南昌市进贤县军湖路288号
生 产 地 址：江西省南昌市进贤县军湖路288号
有　效　期：2012年07月09日至2017年07月08日
发 证 日 期：2012-07-09

江西众望饲料有限公司
许可证编号：饲预（2012）6701
注 册 地 址：江西省南昌市南昌小蓝经济区鑫维大道129号
生 产 地 址：江西省南昌市南昌小蓝经济区鑫维大道129号
有　效　期：2012年07月09日至2017年07月08日
发 证 日 期：2012-07-09

赣州大地饲料添加剂厂
许可证编号：饲预（2012）2551
注 册 地 址：江西省赣州市黄金开发区畜牧研究所内
生 产 地 址：江西省赣州市黄金开发区畜牧研究所内
有　效　期：2012年06月11日至2017年06月10日
发 证 日 期：2012-06-11

江西万佳动物保健品有限公司
许可证编号：饲预（2012）4912
注 册 地 址：江西省赣州市沙河工业园
生 产 地 址：江西省赣州市沙河工业园
有　效　期：2012年04月17日至2017年04月16日
发 证 日 期：2012-04-17

江西新世纪民星动物保健品有限公司
许可证编号：饲预（2012）6506
注 册 地 址：江西省南昌市高新开发区艾溪湖一路569号
生 产 地 址：江西省高安市大城开发区迎宾路1号
有　效　期：2012年03月07日至2017年03月06日
发 证 日 期：2012-03-07

江西快大饲料有限公司
许可证编号：饲预（2012）6492
注 册 地 址：江西省南昌市南昌县银三角
生 产 地 址：江西省南昌市南昌县银三角
有　效　期：2012年01月13日至2017年01月12日
发 证 日 期：2012-01-13

南昌科王兽药厂
许可证编号：饲预（2012）6501
注 册 地 址：江西省南昌小蓝经济开发区金沙三路金澳支路269号
生 产 地 址：江西省南昌小蓝经济开发区金沙三路金澳支路269号
有　效　期：2012年01月13日至2017年01月12日
发 证 日 期：2012-01-13

南昌福尔特饲料有限公司
许可证编号：饲预（2012）6464
注 册 地 址：江西省南昌县富山乡富山街568号
生 产 地 址：江西省南昌县富山乡富山街568号
有　效　期：2012年01月13日至2017年01月12日
发 证 日 期：2012-01-13

南昌市火炬新技术开发研究所
许可证编号：饲预（2012）6752
注 册 地 址：江西省南昌市高新开发区南京东路258号
生 产 地 址：江西省南昌市银三角经济开发区
有　效　期：2012年09月03日至2017年09月02日
发 证 日 期：2012-09-03

南昌海联饲料有限公司
许可证编号：饲预（2012）6465
注 册 地 址：江西省南昌县银三角瓜山
生 产 地 址：江西省南昌县银三角瓜山
有　效　期：2012年01月13日至2017年01月12日
发 证 日 期：2012-01-13

双胞胎（集团）股份有限公司
许可证编号：饲预（2012）6463
注 册 地 址：江西省南昌市高新区火炬大道999号
生 产 地 址：江西省南昌市高新区创新三路
有　效　期：2012年01月13日至2017年01月12日
发 证 日 期：2012-01-13

山 东 省

山东省临沂市兰山区亿大利饲料厂
许可证编号：饲预（2012）2793
注 册 地 址：山东省临沂市水田路西段
生 产 地 址：山东省临沂市水田路西段
有　效　期：2012年12月18日至2017年12月17日
发 证 日 期：2012-12-18

潍坊市华大饲料厂
许可证编号：饲预（2012）6804
注 册 地 址：山东省潍坊市潍城区望留街办孟家工业园
生 产 地 址：山东省潍坊市潍城区望留街办孟家工业园
有　效　期：2012年12月18日至2017年12月17日
发 证 日 期：2012-12-18

诸城金鸡饲料有限公司
许可证编号：饲预（2012）6513
注 册 地 址：山东省诸城市站前街28号
生 产 地 址：山东省诸城市站前街28号
有　效　期：2012年03月07日至2017年03月06日
发 证 日 期：2012-03-07

山东天源饲料有限公司
许可证编号：饲预（2012）6809
注 册 地 址：山东省烟台市龙口市开发区沟头路南
生 产 地 址：山东省烟台市龙口市开发区沟头路南
有　效　期：2012年12月18日至2017年12月17日
发 证 日 期：2012-12-18

蒙阴万事兴饲料有限公司
许可证编号：饲预（2012）5159
注 册 地 址：山东省蒙阴县经济开发区
生 产 地 址：山东省蒙阴县经济开发区
有　效　期：2012年07月09日至2017年07月08日
发 证 日 期：2012-07-09

潍坊诚鹿生物科技有限公司
许可证编号：饲预（2012）6808
注 册 地 址：山东省潍坊市高新区健康东街10298号
生 产 地 址：山东省潍坊市高新区健康东街10298号
有　效　期：2012年12月18日至2017年12月17日
发 证 日 期：2012-12-18

潍坊富邦药业有限公司
许可证编号：饲预（2012）6807
注 册 地 址：山东省潍坊市安丘市青云山南岭（大汶河旅游开发区李家埠）
生 产 地 址：山东省潍坊市安丘市青云山南岭（大汶河旅游开发区李家埠）
有 效 期：2012 年 12 月 18 日至 2017 年 12 月 17 日
发 证 日 期：2012-12-18

诸城市杰人生物工程有限公司
许可证编号：饲预（2012）6750
注 册 地 址：山东省诸城市林家村镇工业园
生 产 地 址：山东省诸城市林家村镇工业园
有 效 期：2012 年 09 月 03 日至 2017 年 09 月 02 日
发 证 日 期：2012-09-03

山东聊城兴农饲料有限公司
许可证编号：饲预（2012）6749
注 册 地 址：山东省聊城市火车站西 3. 5 公里处
生 产 地 址：山东省聊城市火车站西 3. 5 公里处
有 效 期：2012 年 09 月 03 日至 2017 年 09 月 02 日
发 证 日 期：2012-09-03

青岛富康源饲料有限公司
许可证编号：饲预（2012）6713
注 册 地 址：山东省胶南市经济技术开发区
生 产 地 址：山东省胶南市经济技术开发区
有 效 期：2012 年 07 月 09 日至 2017 年 07 月 08 日
发 证 日 期：2012-07-09

青岛市畜牧研究所饲料公司
许可证编号：饲预（2012）6697
注 册 地 址：山东省青岛市李沧区夏庄路 153 号
生 产 地 址：山东省青岛市李沧区夏庄路 153 号
有 效 期：2012 年 07 月 09 日至 2017 年 07 月 08 日
发 证 日 期：2012-07-09

泰安佳牧饲料有限公司
许可证编号：饲预（2012）6687
注 册 地 址：山东省泰安市邱家店镇迓庄村
生 产 地 址：山东省泰安市邱家店镇迓庄村
有 效 期：2012 年 07 月 09 日至 2017 年 07 月 08 日
发 证 日 期：2012-07-09

山东超跃动物保健品有限公司
许可证编号：饲预（2012）6806
注 册 地 址：山东省潍坊市高新区东明路以东二号次干道以南
生 产 地 址：山东省潍坊市高新区北宫东街以南志远路以西
有 效 期：2012 年 12 月 18 日至 2017 年 12 月 17 日
发 证 日 期：2012-12-18

山东江信动物保健科技有限公司
许可证编号：饲预（2012）6820
注 册 地 址：山东省潍坊市诸城市相州镇振兴街
生 产 地 址：山东省潍坊市诸城市相州镇振兴街
有 效 期：2012 年 12 月 18 日至 2017 年 12 月 17 日
发 证 日 期：2012-12-18

山东华尔康生物技术有限公司
许可证编号：饲预（2012）3397
注 册 地 址：山东省济南市农业高新技术开发区明发路 388 号
生 产 地 址：山东省济南市济北经济技术开发区顺义街西首
有 效 期：2012 年 09 月 03 日至 2017 年 09 月 02 日
发 证 日 期：2012-09-03

青岛汉河生物技术有限公司
许可证编号：饲预（2012）6712
注 册 地 址：山东省青岛市崂山区北宅街道华阳社区
生 产 地 址：山东省青岛市崂山区北宅街道华阳社区
有 效 期：2012 年 07 月 09 日至 2017 年 07 月 08 日
发 证 日 期：2012-07-09

济宁和实生物科技有限公司
许可证编号：饲预（2012）6682
注 册 地 址：山东省邹城市太平镇邹城工业园
生 产 地 址：山东省邹城市太平镇邹城工业园
有 效 期：2012 年 07 月 09 日至 2017 年 07 月 08 日
发 证 日 期：2012-07-09

河东区乐慧饲料厂
许可证编号：饲预（2012）6524
注 册 地 址：山东省临沂市河东区三官庙工业园
生 产 地 址：山东省临沂市河东区三官庙工业园
有 效 期：2012 年 03 月 07 日至 2017 年 03 月 06 日
发 证 日 期：2012-03-07

临沭县康达饲料厂

许可证编号：饲预（2012）6795
注 册 地 址：山东省临沭县城南开发区
生 产 地 址：山东省临沭县城南开发区
有　效　期：2012年10月17日至2017年10月16日
发 证 日 期：2012-10-17

菏泽农歌饲料有限公司

许可证编号：饲预（2012）5210
注 册 地 址：山东省郓城县张营镇油棉五厂院内
生 产 地 址：山东省郓城县张营镇油棉五厂院内
有　效　期：2012年10月17日至2017年10月16日
发 证 日 期：2012-10-17

山东百德生物科技有限公司

许可证编号：饲预（2012）6797
注 册 地 址：山东省潍坊市寒亭区固堤街办泊子社区泊南路以南，北海路以东600米处
生 产 地 址：山东省潍坊市寒亭区固堤街办泊子社区泊南路以南，北海路以东600米处
有　效　期：2012年10月17日至2017年10月16日
发 证 日 期：2012-10-17

济宁菁华饲料有限责任公司

许可证编号：饲预（2012）6780
注 册 地 址：山东省济宁市经济开发区（安居西里五里营村）
生 产 地 址：山东省济宁市经济开发区（安居西里五里营村）
有　效　期：2012年10月17日至2017年10月16日
发 证 日 期：2012-10-17

山东格兰德生物科技有限公司

许可证编号：饲预（2012）6796
注 册 地 址：山东省曹县安才楼镇林庄村
生 产 地 址：山东省曹县安才楼镇林庄村
有　效　期：2012年10月17日至2017年10月16日
发 证 日 期：2012-10-17

郓城县虹大饲料有限公司

许可证编号：饲预（2012）6779
注 册 地 址：山东省郓城县随官屯镇聊商路249公里处
生 产 地 址：山东省郓城县随官屯镇聊商路249公里处
有　效　期：2012年10月17日至2017年10月16日
发 证 日 期：2012-10-17

山东省农科苑畜牧发展中心

许可证编号：饲预（2012）6776
注 册 地 址：山东省济南市历城区桑园路10号
生 产 地 址：山东省济南市工业北路167号
有　效　期：2012年10月17日至2017年10月16日
发 证 日 期：2012-10-17

山东金鸡生物科技有限公司

许可证编号：饲预（2012）2791
注 册 地 址：山东省郓城县金河路西段
生 产 地 址：山东省郓城县金河路西段
有　效　期：2012年10月17日至2017年10月16日
发 证 日 期：2012-10-17

山东力德饲料有限公司

许可证编号：饲预（2012）6798
注 册 地 址：山东省临沂市兰山区半程镇金锣科技园山松二路东段
生 产 地 址：山东省临沂市兰山区半程镇金锣科技园山松二路东段
有　效　期：2012年10月17日至2017年10月16日
发 证 日 期：2012-10-17

济南兴基饲料有限公司

许可证编号：饲预（2012）6777
注 册 地 址：山东省济南市农业高新技术开发区南桥村西
生 产 地 址：山东省济南市农业高新技术开发区南桥村西
有　效　期：2012年10月17日至2017年10月16日
发 证 日 期：2012-10-17

菏泽金赛饲料有限公司

许可证编号：饲预（2012）6781
注 册 地 址：山东省郓城县南赵楼乡政府驻地
生 产 地 址：山东省郓城县南赵楼乡政府驻地
有　效　期：2012年10月17日至2017年10月16日
发 证 日 期：2012-10-17

宇星饲料（德州）有限公司

许可证编号：饲预（2012）6783
注 册 地 址：山东省德州经济开发区高速东外环西侧
生 产 地 址：山东省德州经济开发区高速东外环西侧
有　效　期：2012年10月17日至2017年10月16日
发 证 日 期：2012-10-17

济南海华生物科技有限公司

许可证编号：饲预（2012）5162
注 册 地 址：山东省济南市历城区花园路 101 号海蔚广场写字塔路 5-802-3
生 产 地 址：山东省章丘市龙山办事处党家村
有 效 期：2012 年 07 月 09 日至 2017 年 07 月 08 日
发 证 日 期：2012-07-09

诸城市江龙动物保健品厂

许可证编号：饲预（2012）5011
注 册 地 址：山东省诸城市相州镇 206 国道东
生 产 地 址：山东省诸城市相州镇 206 国道东
有 效 期：2012 年 07 月 09 日至 2017 年 07 月 08 日
发 证 日 期：2012-07-09

山东郎氏虫业有限公司

许可证编号：饲预（2012）6681
注 册 地 址：山东省济南市长清区崮云湖街道办事处 104 国道北
生 产 地 址：山东省济南市长清区崮云湖街道办事处 104 国道北
有 效 期：2012 年 07 月 09 日至 2017 年 07 月 08 日
发 证 日 期：2012-07-09

山东龙海生物科技有限公司

许可证编号：饲预（2012）6688
注 册 地 址：山东省临沂市兰山区枣沟头镇
生 产 地 址：山东省临沂市兰山区枣沟头镇
有 效 期：2012 年 07 月 09 日至 2017 年 07 月 08 日
发 证 日 期：2012-07-09

青岛金久生物技术有限公司

许可证编号：饲预（2012）2800
注 册 地 址：山东省青岛市李沧区浏阳路 4 号
生 产 地 址：山东省青岛市李沧区浏阳路 4 号
有 效 期：2012 年 10 月 17 日至 2017 年 10 月 16 日
发 证 日 期：2012-10-17

济南品佳科技发展有限公司

许可证编号：饲预（2012）6782
注 册 地 址：山东省济南市槐荫区幸福路 19 号
生 产 地 址：山东省济南槐荫区腊山口西侧
有 效 期：2012 年 10 月 17 日至 2017 年 10 月 16 日
发 证 日 期：2012-10-17

青州市天和饲料有限公司

许可证编号：饲预（2012）4945
注 册 地 址：山东省青州市经济开发区十八里屯村
生 产 地 址：山东省青州市经济开发区十八里屯村
有 效 期：2012 年 07 月 09 日至 2017 年 07 月 08 日
发 证 日 期：2012-07-09

潍坊诺达药业有限公司

许可证编号：饲预（2012）4874
注 册 地 址：山东省青州市经济开发区东京路
生 产 地 址：山东省青州市经济开发区东京路
有 效 期：2012 年 07 月 09 日至 2017 年 07 月 08 日
发 证 日 期：2012-07-09

济南金三沅饲料有限公司

许可证编号：饲预（2012）6778
注 册 地 址：山东省济南市历城区仲宫镇付下村
生 产 地 址：山东省济南市历城区仲宫镇付下村
有 效 期：2012 年 10 月 17 日至 2017 年 10 月 16 日
发 证 日 期：2012-10-17

山东省大鸡制药有限公司平阴分公司

许可证编号：饲预（2012）6679
注 册 地 址：山东省济南市平阴县济西工业园
生 产 地 址：山东省济南市平阴县济西工业园
有 效 期：2012 年 07 月 09 日至 2017 年 07 月 08 日
发 证 日 期：2012-07-09

潍坊天普阳光饲料科技有限公司

许可证编号：饲预（2012）4180
注 册 地 址：山东省潍坊市坊子区六马路东首
生 产 地 址：山东省潍坊市坊子区六马路东首
有 效 期：2012 年 07 月 09 日至 2017 年 07 月 08 日
发 证 日 期：2012-07-09

济南科苑牧业发展有限公司

许可证编号：饲预（2012）6720
注 册 地 址：山东省济南市柳埠开发区 168 号
生 产 地 址：山东省济南市柳埠开发区 168 号
有 效 期：2012 年 07 月 09 日至 2017 年 07 月 08 日
发 证 日 期：2012-07-09

青岛根源生物技术集团有限公司
许可证编号：饲预（2012）6721
注 册 地 址：山东省青岛海峡两岸农业合作实验区
生 产 地 址：山东省青岛海峡两岸农业合作实验区
有　效　期：2012年07月09日至2017年07月08日
发 证 日 期：2012-07-09

昌乐富阳饲料有限公司
许可证编号：饲预（2012）6724
注 册 地 址：山东省潍坊市昌乐县乔官镇歇头仓村东
生 产 地 址：山东省潍坊市昌乐县乔官镇歇头仓村东
有　效　期：2012年07月09日至2017年07月08日
发 证 日 期：2012-07-09

济南亿民动物药业有限公司
许可证编号：饲预（2012）4872
注 册 地 址：山东省济南市历城区董家镇工业园
生 产 地 址：山东省济南市历城区董家镇工业园
有　效　期：2012年06月11日至2017年06月10日
发 证 日 期：2012-06-11

龙口市凯发饲料有限公司
许可证编号：饲预（2012）4501
注 册 地 址：山东省龙口市新嘉街道办事处南屯
生 产 地 址：山东省龙口市新嘉街道办事处南屯
有　效　期：2012年06月11日至2017年06月10日
发 证 日 期：2012-06-11

山东益生源微生物技术有限公司
许可证编号：饲预（2012）4755
注 册 地 址：山东省寿光市东城工业园永泰路北首
生 产 地 址：山东省寿光市东城工业园永泰路北首
有　效　期：2012年04月17日至2017年04月16日
发 证 日 期：2012-04-17

济南超越饲料科技有限公司
许可证编号：饲预（2012）2123
注 册 地 址：山东省济南市长清区五峰山黄金宾馆度假村南200米
生 产 地 址：山东省济南市长清区五峰山黄金宾馆度假村南200米
有　效　期：2012年04月17日至2017年04月16日
发 证 日 期：2012-04-17

山东中信凯丰饲料有限公司
许可证编号：饲预（2012）6722
注 册 地 址：山东省莒南县淮海路东首
生 产 地 址：山东省莒南县淮海路东首
有　效　期：2012年07月09日至2017年07月08日
发 证 日 期：2012-07-09

济南华牧饲料有限公司
许可证编号：饲预（2012）6723
注 册 地 址：山东省济南市长清区万德镇
生 产 地 址：山东省济南市长清区万德镇
有　效　期：2012年07月09日至2017年07月08日
发 证 日 期：2012-07-09

济南挑战饲料科技有限公司
许可证编号：饲预（2012）4941
注 册 地 址：山东省济南市市中区济微路127号
生 产 地 址：山东省济南市天桥区丁太鲁大街西侧丁庄工业园88号
有　效　期：2012年06月11日至2017年06月10日
发 证 日 期：2012-06-11

济南罗亚盈生物工程有限公司
许可证编号：饲预（2012）6631
注 册 地 址：山东省济南市长清区平安街道办事处驻地
生 产 地 址：山东省济南市长清区平安街道办事处驻地
有　效　期：2012年06月11日至2017年06月10日
发 证 日 期：2012-06-11

山东亚康药业股份有限公司
许可证编号：饲预（2012）4720
注 册 地 址：山东省潍坊市寒亭区通亭街657号
生 产 地 址：山东省潍坊市寒亭区亚星路228号
有　效　期：2012年04月17日至2017年04月16日
发 证 日 期：2012-04-17

青岛杰海生物科技有限公司
许可证编号：饲预（2012）2365
注 册 地 址：山东省青岛市红岛路2号甲
生 产 地 址：山东省青岛市胶州阜安第二工业园
有　效　期：2012年04月17日至2017年04月16日
发 证 日 期：2012-04-17

潍坊光明饲料有限公司
许可证编号：饲预（2012）6601
注 册 地 址：山东省昌乐县温州工业园
生 产 地 址：山东省昌乐县温州工业园
有　效　期：2012 年 04 月 17 日至 2017 年 04 月 16 日
发 证 日 期：2012－04－17

潍坊天宇饲料科技有限公司
许可证编号：饲预（2012）6570
注 册 地 址：山东省寿光市莱都路 29 号
生 产 地 址：山东省寿光市莱都路 29 号
有　效　期：2012 年 04 月 17 日至 2017 年 04 月 16 日
发 证 日 期：2012－04－17

山东方舟生物科技有限公司
许可证编号：饲预（2012）6562
注 册 地 址：山东省潍坊市滨海经济开发区央子街道星海大街 399 号
生 产 地 址：山东省潍坊市滨海经济开发区央子街道星海大街 399 号
有　效　期：2012 年 04 月 17 日至 2017 年 04 月 16 日
发 证 日 期：2012－04－17

山东聊城东辉饲料有限公司
许可证编号：饲预（2012）6547
注 册 地 址：山东省聊城市北环路东段路北
生 产 地 址：山东省聊城市北环路东段路北
有　效　期：2012 年 04 月 17 日至 2017 年 04 月 16 日
发 证 日 期：2012－04－17

青岛康之园饲料有限公司
许可证编号：饲预（2012）4719
注 册 地 址：山东省青岛平度市云山镇驻地
生 产 地 址：山东省青岛平度市云山镇驻地
有　效　期：2012 年 04 月 17 日至 2017 年 04 月 16 日
发 证 日 期：2012－04－17

临沂丰林饲料有限公司
许可证编号：饲预（2012）6599
注 册 地 址：山东省临沂市罗庄区汤庄办事处东店子村东 1000 米
生 产 地 址：山东省临沂市罗庄区汤庄办事处驻地
有　效　期：2012 年 04 月 17 日至 2017 年 04 月 16 日
发 证 日 期：2012－04－17

潍坊市正天饲料有限公司
许可证编号：饲预（2012）6607
注 册 地 址：山东省诸城市辛兴工业园
生 产 地 址：山东省诸城市辛兴工业园
有　效　期：2012 年 04 月 17 日至 2017 年 04 月 16 日
发 证 日 期：2012－04－17

山东华农生物制药有限公司
许可证编号：饲预（2012）6561
注 册 地 址：山东省临朐县五井镇五井东村（五井派出所东 150 米处）
生 产 地 址：山东省潍坊市临朐县五井工业园虹桥街 2 号
有　效　期：2012 年 04 月 17 日至 2017 年 04 月 16 日
发 证 日 期：2012－04－17

潍坊一搏药业有限公司
许可证编号：饲预（2012）6548
注 册 地 址：山东省潍坊市潍城区宝通西街夏家村
生 产 地 址：山东省潍坊市潍城区宝通西街夏家村
有　效　期：2012 年 04 月 17 日至 2017 年 04 月 16 日
发 证 日 期：2012－04－17

泰安市泰山神药业有限公司
许可证编号：饲预（2012）6600
注 册 地 址：山东省泰安市泰山区上高乡小井村
生 产 地 址：山东省泰安市泰山区上高乡小井村
有　效　期：2012 年 04 月 17 日至 2017 年 04 月 16 日
发 证 日 期：2012－04－17

青岛北海兽药有限公司
许可证编号：饲预（2012）6805
注 册 地 址：山东省青岛平度市同和工业园
生 产 地 址：山东省青岛平度市同和工业园
有　效　期：2012 年 12 月 18 日至 2017 年 12 月 17 日
发 证 日 期：2012－12－18

齐河华瑞牧业有限公司
许可证编号：饲预（2012）6598
注 册 地 址：山东省齐河县宣章屯镇政府西 800 米路北
生 产 地 址：山东省齐河县宣章屯镇政府西 800 米路北
有　效　期：2012 年 04 月 17 日至 2017 年 04 月 16 日
发 证 日 期：2012－04－17

临沂市领航饲料有限公司

许可证编号：饲预（2012）6597
注 册 地 址：山东省临沂市莒南县南环路西段
生 产 地 址：山东省临沂市莒南县南环路西段
有 效 期：2012年04月17日至2017年04月16日
发 证 日 期：2012-04-17

山东天易科技有限公司

许可证编号：饲预（2012）2350
注 册 地 址：山东省济南市槐村街68号
生 产 地 址：山东省济南市长清区归德镇
有 效 期：2012年03月07日至2017年03月06日
发 证 日 期：2012-03-07

山东佑润生物技术有限公司

许可证编号：饲预（2012）6545
注 册 地 址：山东省莱芜市钢城区里辛镇小官庄村
生 产 地 址：山东省莱芜市钢城区里辛镇小官庄村
有 效 期：2012年03月07日至2017年03月06日
发 证 日 期：2012-03-07

山东胜利生物工程有限公司

许可证编号：饲预（2012）6519
注 册 地 址：山东省济宁市高新区同济路118号
生 产 地 址：山东省济宁市高新区同济路118号
有 效 期：2012年03月07日至2017年03月06日
发 证 日 期：2012-03-07

莱州市海福饲料有限公司

许可证编号：饲预（2012）6527
注 册 地 址：山东省莱州市城港路街道办事处朱由叶家
生 产 地 址：山东省莱州市城港路街道办事处朱由叶家
有 效 期：2012年03月07日至2017年03月06日
发 证 日 期：2012-03-07

烟台绿叶动物保健品有限公司

许可证编号：饲预（2012）1914
注 册 地 址：山东省烟台市莱山区桐林路32号
生 产 地 址：山东省烟台市莱山区桐林路32号
有 效 期：2012年03月07日至2017年03月06日
发 证 日 期：2012-03-07

济南东辰饲料有限公司

许可证编号：饲预（2012）6596
注 册 地 址：山东省济南市长清区明发路299号
生 产 地 址：山东省济南市长清区明发路299号
有 效 期：2012年04月17日至2017年04月16日
发 证 日 期：2012-04-17

临沂乾元饲料有限公司

许可证编号：饲预（2012）1617
注 册 地 址：山东省临沂市沂州路南段焦庄东侧
生 产 地 址：山东省临沂市沂州路南段焦庄东侧
有 效 期：2012年03月07日至2017年03月06日
发 证 日 期：2012-03-07

山东省健牧生物药业有限公司

许可证编号：饲预（2012）6525
注 册 地 址：山东省济南市历城区桑园路6号
生 产 地 址：山东省济南市历城区桑园路6号
有 效 期：2012年03月07日至2017年03月06日
发 证 日 期：2012-03-07

德州中大饲料有限公司

许可证编号：饲预（2012）6526
注 册 地 址：山东省德州市平原县101省道西侧（龙门经济开发区西区28号）
生 产 地 址：山东省德州市平原县龙门经济开发区西区28号
有 效 期：2012年03月07日至2017年03月06日
发 证 日 期：2012-03-07

化学工业（全国）饲料添加剂工程技术中心山东科技公司

许可证编号：饲预（2012）5335
注 册 地 址：山东省邹城市太平镇邹城工业园
生 产 地 址：山东省邹城市太平镇邹城工业园
有 效 期：2012年03月07日至2017年03月06日
发 证 日 期：2012-03-07

青岛和美饲料有限公司

许可证编号：饲预（2012）2678
注 册 地 址：山东省青岛市保税区一期一号小区
生 产 地 址：山东省青岛市保税区一期一号小区
有 效 期：2012年03月07日至2017年03月06日
发 证 日 期：2012-03-07

山东中牧兽药有限公司
许可证编号：饲预（2012）1622
注 册 地 址：山东省莒南经济开发区大西环路南段
生 产 地 址：山东省莒南经济开发区大西环路南段
有 效 期：2012 年 03 月 07 日至 2017 年 03 月 06 日
发 证 日 期：2012-03-07

莱阳禾嘉生物饲料有限公司
许可证编号：饲预（2012）6522
注 册 地 址：山东省莱阳市食品工业园黄海 2 路
生 产 地 址：山东省莱阳市食品工业园黄海 2 路
有 效 期：2012 年 03 月 07 日至 2017 年 03 月 06 日
发 证 日 期：2012-03-07

潍坊集成科技饲料有限公司
许可证编号：饲预（2012）1576
注 册 地 址：山东省潍坊市滨海经济开发区榆园路南首
生 产 地 址：山东省潍坊市滨海经济开发区榆园路南首
有 效 期：2012 年 03 月 07 日至 2017 年 03 月 06 日
发 证 日 期：2012-03-07

沂南盛皓饲料添加剂有限公司
许可证编号：饲预（2012）6523
注 册 地 址：山东省临沂市沂南县辛集镇工业园
生 产 地 址：山东省临沂市沂南县辛集镇工业园
有 效 期：2012 年 03 月 07 日至 2017 年 03 月 06 日
发 证 日 期：2012-03-07

莱芜市博牧饲料有限公司
许可证编号：饲预（2012）6517
注 册 地 址：山东省莱芜市莱城区工业区
生 产 地 址：山东省莱芜市莱城区工业区
有 效 期：2012 年 03 月 07 日至 2017 年 03 月 06 日
发 证 日 期：2012-03-07

济南现代同茂饲料有限公司
许可证编号：饲预（2012）2954
注 册 地 址：山东省济南市长清区明发路 688 号
生 产 地 址：山东省济南市长清区明发路 688 号
有 效 期：2012 年 03 月 07 日至 2017 年 03 月 06 日
发 证 日 期：2012-03-07

菏泽普恩药业有限公司
许可证编号：饲预（2012）4911
注 册 地 址：山东省菏泽市牡丹区经济开发区西区银川路
生 产 地 址：山东省菏泽市牡丹区经济开发区西区银川路
有 效 期：2012 年 03 月 07 日至 2017 年 03 月 06 日
发 证 日 期：2012-03-07

潍坊大成生物工程有限公司
许可证编号：饲预（2012）6520
注 册 地 址：山东省潍坊滨海经济开发区东兴村西
生 产 地 址：山东省潍坊滨海经济开发区东兴村西
有 效 期：2012 年 03 月 07 日至 2017 年 03 月 06 日
发 证 日 期：2012-03-07

泰安市欣悦饲料科技有限公司
许可证编号：饲预（2012）6518
注 册 地 址：山东省泰安市泰山青春创业开发区
生 产 地 址：山东省泰安市泰山青春创业开发区
有 效 期：2012 年 03 月 07 日至 2017 年 03 月 06 日
发 证 日 期：2012-03-07

莘县金正生物科技有限公司
许可证编号：饲预（2012）6521
注 册 地 址：山东省聊城市莘县聊莘路西（原针织厂院内）
生 产 地 址：山东省聊城市莘县聊莘路西（原针织厂院内）
有 效 期：2012 年 03 月 07 日至 2017 年 03 月 06 日
发 证 日 期：2012-03-07

济南曼普动物营养品有限公司
许可证编号：饲预（2012）6611
注 册 地 址：山东省济南市长清区平安街道办事处西潘村
生 产 地 址：山东省济南市长清区平安街道办事处西潘村
有 效 期：2012 年 06 月 11 日至 2017 年 06 月 10 日
发 证 日 期：2012-06-11

河 南 省

安佑（河南）科技饲料有限公司
许可证编号：饲预（2012）5297
注 册 地 址：河南省郑州市白沙园区雨舟路西辉煌四路南
生 产 地 址：河南省郑州市白沙园区雨舟路西辉煌四路南
有　效　期：2012 年 09 月 03 日至 2017 年 09 月 02 日
发 证 日 期：2012-09-03

河南省金鑫饲料工业有限公司
许可证编号：饲预（2012）6623
注 册 地 址：河南省长垣县华垣路西段南侧
生 产 地 址：河南省长垣县蒲西区人民路西段
有　效　期：2012 年 06 月 11 日至 2017 年 06 月 10 日
发 证 日 期：2012-06-11

郑州华农富坤动物药业有限公司
许可证编号：饲预（2012）6769
注 册 地 址：河南省郑州市郑谢公路后魏村北 200 米
生 产 地 址：河南省郑州市郑谢公路后魏村北 200 米
有　效　期：2012 年 10 月 17 日至 2017 年 10 月 16 日
发 证 日 期：2012-10-17

永城市翼丰饲料有限公司
许可证编号：饲预（2012）2444
注 册 地 址：河南省永城市 311 国道张桥闸南 300 米
生 产 地 址：河南省永城市 311 国道张桥闸南 300 米
有　效　期：2012 年 10 月 17 日至 2017 年 10 月 16 日
发 证 日 期：2012-10-17

郑州沃尔伯特饲料有限公司
许可证编号：饲预（2012）3793
注 册 地 址：河南省郑州市金水区杨金路街道办事处新庄村北 500 米 5 号
生 产 地 址：河南省郑州市金水区杨金路街道办事处新庄村北 500 米 5 号
有　效　期：2012 年 06 月 11 日至 2017 年 06 月 10 日
发 证 日 期：2012-06-11

郑州惠农牧业有限公司
许可证编号：饲预（2012）6736
注 册 地 址：河南省郑州市巩义市河洛镇生态经济区
生 产 地 址：河南省郑州市巩义市河洛镇生态经济区
有　效　期：2012 年 09 月 03 日至 2017 年 09 月 02 日
发 证 日 期：2012-09-03

郑州市荥阳娜尔生物饲料厂
许可证编号：饲预（2012）6709
注 册 地 址：河南省郑州市荥阳市豫龙镇陈庄
生 产 地 址：河南省郑州市荥阳市豫龙镇陈庄
有　效　期：2012 年 07 月 09 日至 2017 年 07 月 08 日
发 证 日 期：2012-07-09

郑州农家乐饲料有限公司
许可证编号：饲预（2012）6708
注 册 地 址：河南省郑州市惠济区郑州 107 国道东 200 米贾鲁河河北岸
生 产 地 址：河南省郑州市惠济区郑州 107 国道东 200 米贾鲁河河北岸
有　效　期：2012 年 07 月 09 日至 2017 年 07 月 08 日
发 证 日 期：2012-07-09

平顶山市湛河区理想饲料厂
许可证编号：饲预（2012）2440
注 册 地 址：河南省平顶山市九里山
生 产 地 址：河南省平顶山市九里山
有　效　期：2012 年 09 月 03 日至 2017 年 09 月 02 日
发 证 日 期：2012-09-03

郑州欧科拜克生物技术有限公司
许可证编号：饲预（2012）6658
注 册 地 址：河南省郑州市高新区瑞达路 96 号创业广场一号楼四层 B401 号
生 产 地 址：河南省郑州市登封市大金店三里庄高新技术工业园区
有　效　期：2012 年 06 月 11 日至 2017 年 06 月 10 日
发 证 日 期：2012-06-11

滑县宏发饲料有限责任公司
许可证编号：饲预（2012）6735
注 册 地 址：河南省安阳市滑县牛屯镇贺林村
生 产 地 址：河南省安阳市滑县牛屯镇贺林村
有 效 期：2012 年 09 月 03 日至 2017 年 09 月 02 日
发 证 日 期：2012-09-03

河南农大饲料科技有限公司
许可证编号：饲预（2012）1457
注 册 地 址：河南省郑州市金水区马头岗东工业园
生 产 地 址：河南省郑州市金水区马头岗东工业园
有 效 期：2012 年 09 月 03 日至 2017 年 09 月 02 日
发 证 日 期：2012-09-03

郑州通洲饲料有限公司
许可证编号：饲预（2012）4968
注 册 地 址：河南省郑州市金水区柳林镇大河村村西路北
生 产 地 址：河南省郑州市中州大道与开洛高速交叉口东300米
有 效 期：2012 年 06 月 11 日至 2017 年 06 月 10 日
发 证 日 期：2012-06-11

河南普尔泰动物药业有限公司
许可证编号：饲预（2012）4648
注 册 地 址：河南省郑州市新郑港区台商投资区空港二路
生 产 地 址：河南省郑州市新郑港区台商投资区空港二路
有 效 期：2012 年 01 月 13 日至 2017 年 01 月 12 日
发 证 日 期：2012-01-13

驻马店市久信饲料有限公司
许可证编号：饲预（2012）6594
注 册 地 址：河南省驻马店市上蔡县西工业园区
生 产 地 址：河南省驻马店市上蔡县西工业园区
有 效 期：2012 年 04 月 17 日至 2017 年 04 月 16 日
发 证 日 期：2012-04-17

南阳高新区琛华饲料有限公司
许可证编号：饲预（2012）4886
注 册 地 址：河南省南阳市 312 国道二十六中西
生 产 地 址：河南省南阳市 312 国道二十六中西
有 效 期：2012 年 03 月 07 日至 2017 年 03 月 06 日
发 证 日 期：2012-03-07

周口市泛区联华饲料有限公司
许可证编号：饲预（2012）4876
注 册 地 址：河南省周口市黄泛区七分场工业区
生 产 地 址：河南省周口市黄泛区七分场工业区
有 效 期：2012 年 04 月 17 日至 2017 年 04 月 16 日
发 证 日 期：2012-04-17

焦作美博士饲料有限公司
许可证编号：饲预（2012）6657
注 册 地 址：河南省焦作市武陟县大虹桥乡中兴路
生 产 地 址：河南省焦作市武陟县大虹桥乡中兴路
有 效 期：2012 年 06 月 11 日至 2017 年 06 月 10 日
发 证 日 期：2012-06-11

河南六和饲料有限公司郑州分公司
许可证编号：饲预（2012）3365
注 册 地 址：河南省郑州市金水区柳林镇杨金工业园
生 产 地 址：河南省郑州市金水区柳林镇杨金工业园
有 效 期：2012 年 06 月 11 日至 2017 年 06 月 10 日
发 证 日 期：2012-06-11

河南克郎康地饲料有限公司
许可证编号：饲预（2012）5017
注 册 地 址：河南省郑州市金水区大河村
生 产 地 址：河南省郑州市金水区大河村
有 效 期：2012 年 09 月 03 日至 2017 年 09 月 02 日
发 证 日 期：2012-09-03

河南省华夏牧业有限公司
许可证编号：饲预（2012）4967
注 册 地 址：河南省郑州市东郊 310 国道白沙工业区
生 产 地 址：河南省郑州市东郊 310 国道白沙工业区
有 效 期：2012 年 04 月 17 日至 2017 年 04 月 16 日
发 证 日 期：2012-04-17

河南雄峰科技有限公司新郑分公司
许可证编号：饲预（2012）1454
注 册 地 址：河南省新郑市薛店镇神州路西侧（常刘村段）
生 产 地 址：河南省新郑市薛店镇神州路西侧（常刘村段）
有 效 期：2012 年 03 月 07 日至 2017 年 03 月 06 日
发 证 日 期：2012-03-07

漯河迅成生物科技有限公司
许可证编号：饲预（2012）6556
注 册 地 址：河南省漯河市源汇区干河陈乡小村铺村
生 产 地 址：河南省漯河市源汇区干河陈乡小村铺村
有 效 期：2012 年 04 月 17 日至 2017 年 04 月 16 日
发 证 日 期：2012-04-17

郑州百瑞动物药业有限公司
许可证编号：饲预（2012）4749
注 册 地 址：河南省新郑市八千乡新椿公路北侧
生 产 地 址：河南省新郑市八千乡新椿公路北侧
有 效 期：2012 年 01 月 13 日至 2017 年 01 月 12 日
发 证 日 期：2012-01-13

河南宏邦生物科技有限公司
许可证编号：饲预（2012）6498
注册地址：河南省新郑市薛店工贸园世纪大道中段
生产地址：河南省新郑市薛店工贸园世纪大道中段
有效期：2012年01月13日至2017年01月12日
发证日期：2012-01-13

郑州宏远饲料有限公司
许可证编号：饲预（2012）6496
注册地址：河南省郑州市金水区柳林镇安庄村安庄西街168号
生产地址：河南省郑州市金水区柳林镇安庄村安庄西街168号
有效期：2012年01月13日至2017年01月12日
发证日期：2012-01-13

河南省睿兰特生物制药有限公司
许可证编号：饲预（2012）6472
注册地址：河南省长垣县樊相镇工业园区128号
生产地址：河南省长垣县樊相镇工业园区128号
有效期：2012年01月13日至2017年01月12日
发证日期：2012-01-13

河南牧翔动物药业有限公司
许可证编号：饲预（2012）6497
注册地址：河南省郑州市新郑港区空港五路路南
生产地址：河南省郑州市新郑港区空港五路路南
有效期：2012年01月13日至2017年01月12日
发证日期：2012-01-13

郑州市金鼓饲料有限公司
许可证编号：饲预（2012）6495
注册地址：河南省郑州市金水区柳林镇杨金路
生产地址：河南省郑州市金水区柳林镇杨金路
有效期：2012年01月13日至2017年01月12日
发证日期：2012-01-13

永城市利平饲料有限公司
许可证编号：饲预（2012）2848
注册地址：河南省商丘市永城市工业西路
生产地址：河南省商丘市永城市工业西路
有效期：2012年09月03日至2017年09月02日
发证日期：2012-09-03

湖 北 省

武汉澳华农牧科技有限公司
许可证编号：饲预（2012）6815
注册地址：湖北省武汉市新洲区阳逻经济开发区汉施路109号
生产地址：湖北省武汉市新洲区阳逻经济开发区汉施路109号
有效期：2012年12月18日至2017年12月17日
发证日期：2012-12-18

山川生物科技（武汉）有限公司
许可证编号：饲预（2012）6707
注册地址：湖北省武汉东湖开发区国际企业中心祥云楼601号
生产地址：湖北省武汉市东湖新技术开发区神墩一路199号山川生物园内
有效期：2012年07月09日至2017年07月08日
发证日期：2012-07-09

安琪酵母股份有限公司
许可证编号：饲预（2012）6767
注册地址：湖北省宜昌市城东大道168号
生产地址：湖北省宜昌市花溪路168号
有效期：2012年10月17日至2017年10月16日
发证日期：2012-10-17

恩施市法大饲料有限公司
许可证编号：饲预（2012）6741
注册地址：湖北省恩施土家族苗族自治州恩施市城乡路11号
生产地址：湖北省恩施土家族苗族自治州恩施市巴公路32号
有效期：2012年09月03日至2017年09月02日
发证日期：2012-09-03

恩施州宇亮生物技术有限公司
许可证编号：饲预（2012）6742
注 册 地 址：湖北省恩施市红庙开发区
生 产 地 址：湖北省恩施市红庙开发区
有 效 期：2012年09月03日至2017年09月02日
发 证 日 期：2012-09-03

恩施市燎原饲料有限责任公司
许可证编号：饲预（2012）2446
注 册 地 址：湖北省恩施土家族苗族自治州恩施市黄泥坝付家坡8号
生 产 地 址：湖北省恩施土家族苗族自治州恩施市黄泥坝付家坡8号
有 效 期：2012年09月03日至2017年09月02日
发 证 日 期：2012-09-03

武汉市天辰生物科技有限公司
许可证编号：饲预（2012）4994
注 册 地 址：湖北省武汉市洪山区狮子山街特一号华中农业大学校内天惠楼五层514-518号
生 产 地 址：湖北省武汉市汉阳区黄金口工业园
有 效 期：2012年07月09日至2017年07月08日
发 证 日 期：2012-07-09

武汉家家乐饲料有限公司
许可证编号：饲预（2012）5193
注 册 地 址：湖北省武汉经济技术开发区东湖泵站
生 产 地 址：湖北省武汉市江夏区郑店黄金工业园
有 效 期：2012年07月09日至2017年07月08日
发 证 日 期：2012-07-09

湖北雄峰生物科技有限公司
许可证编号：饲预（2012）6691
注 册 地 址：湖北省黄冈市黄州区南湖农场柞舟山雄峰工业园
生 产 地 址：湖北省黄冈市黄州区南湖农场柞舟山雄峰工业园
有 效 期：2012年07月09日至2017年07月08日
发 证 日 期：2012-07-09

武穴市佳洪生物饲料有限公司
许可证编号：饲预（2012）6603
注 册 地 址：湖北省武穴市石佛寺镇火车站工业园
生 产 地 址：湖北省武穴市石佛寺镇火车站工业园
有 效 期：2012年04月17日至2017年04月16日
发 证 日 期：2012-04-17

鄂州海贝生物技术有限公司
许可证编号：饲预（2012）6816
注 册 地 址：湖北省葛店开发区创业中心
生 产 地 址：湖北省葛店开发区创业中心
有 效 期：2012年12月18日至2017年12月17日
发 证 日 期：2012-12-18

武汉艾立动物营养有限公司
许可证编号：饲预（2012）3038
注 册 地 址：湖北省武汉市江岸区谌家矶工业园特4号
生 产 地 址：湖北省武汉市江岸区谌家矶工业园特4号
有 效 期：2012年12月18日至2017年12月17日
发 证 日 期：2012-12-18

武汉明天生物科技有限公司
许可证编号：饲预（2012）6265
注 册 地 址：湖北省武汉市东湖新技术开发区光谷八路88号
生 产 地 址：湖北省武汉市东湖新技术开发区光谷八路88号
有 效 期：2012年07月09日至2017年07月08日
发 证 日 期：2012-07-09

武汉天元饲料有限公司
许可证编号：饲预（2012）3230
注 册 地 址：湖北省武汉市江夏区郑店街关山桥纸金路北
生 产 地 址：湖北省武汉市江夏区郑店街关山桥纸金路北
有 效 期：2012年07月09日至2017年07月08日
发 证 日 期：2012-07-09

湖北农腾饲料有限责任公司
许可证编号：饲预（2012）1285
注 册 地 址：湖北省孝感市安陆市汉丹路303号
生 产 地 址：湖北省孝感市安陆市解放大道东3号
有 效 期：2012年04月17日至2017年04月16日
发 证 日 期：2012-04-17

武汉泛华生物技术有限公司
许可证编号：饲预（2012）2938
注 册 地 址：湖北省武汉市洪山区鲁巷民院路6号尖东智能花园10-402号
生 产 地 址：湖北省武汉市盘龙城经济开发区佳海都市工业城E区35号
有 效 期：2012年06月11日至2017年06月10日
发 证 日 期：2012-06-11

襄阳市天佐农牧有限公司

许可证编号：饲预（2012）5009
注 册 地 址：湖北省宜城市随南路
生 产 地 址：湖北省宜城市随南路
有 效 期：2012年04月17日至2017年04月16日
发 证 日 期：2012-04-17

武汉市科洋生物工程有限公司

许可证编号：饲预（2012）6471
注 册 地 址：湖北省武汉市洪山区珞狮路明泽丽湾1幢C单元16层
生 产 地 址：湖北省武汉市东西湖区燕岭工业园
有 效 期：2012年01月13日至2017年01月12日
发 证 日 期：2012-01-13

宣恩县蓝翔兴旺饲料添加剂厂

许可证编号：饲预（2012）4880
注 册 地 址：湖北省恩施土家族苗族自治州宣恩县椒园集镇（椒园加油站对面）
生 产 地 址：湖北省恩施土家族苗族自治州宣恩县椒园集镇（椒园加油站对面）
有 效 期：2012年01月13日至2017年01月12日
发 证 日 期：2012-01-13

武汉多宝微生物技术有限公司

许可证编号：饲预（2012）6560
注 册 地 址：湖北省武汉东湖开发区关东园路2-2号光谷国际商会大厦B单元12层05号
生 产 地 址：湖北省武汉市黄陂区武湖农场45师后勤基地
有 效 期：2012年04月17日至2017年04月16日
发 证 日 期：2012-04-17

武汉民族科技饲料有限公司

许可证编号：饲预（2012）1258
注 册 地 址：湖北省武汉市东湖高新技术开发区关南东二园黄龙山路17号
生 产 地 址：湖北省武汉市东湖高新技术开发区关南东二园黄龙山路17号
有 效 期：2012年01月13日至2017年01月12日
发 证 日 期：2012-01-13

湖 南 省

湖南佳和生物饲料有限公司

许可证编号：饲预（2012）6811
注 册 地 址：湖南省长沙市望城县丁字镇金云村
生 产 地 址：湖南省长沙市望城县丁字镇金云村
有 效 期：2012年12月18日至2017年12月17日
发 证 日 期：2012-12-18

长沙市开福区壮大饲料有限公司

许可证编号：饲预（2012）5204
注 册 地 址：湖南省长沙市开福区鸭子铺1-12号
生 产 地 址：湖南省长沙市开福区鸭子铺1-12号
有 效 期：2012年09月03日至2017年09月02日
发 证 日 期：2012-09-03

长沙大唐牧业科技有限公司

许可证编号：饲预（2012）6614
注 册 地 址：湖南省长沙市芙蓉区马坡岭省茶叶研究所315-317
生 产 地 址：湖南省长沙市芙蓉区东岸乡杉木村
有 效 期：2012年06月11日至2017年06月10日
发 证 日 期：2012-06-11

长沙美龙生物科技有限公司

许可证编号：饲预（2012）3343
注 册 地 址：湖南省长沙市雨花区树木岭民营工业园
生 产 地 址：湖南省长沙市长沙县黄兴镇金港工业园
有 效 期：2012年06月11日至2017年06月10日
发 证 日 期：2012-06-11

长沙拜特生物科技研究所有限公司
许可证编号：饲预（2012）4955
注 册 地 址：湖南省宁乡经济技术开发区创业大道
生 产 地 址：湖南省宁乡经济技术开发区创业大道
有 效 期：2012年10月17日至2017年10月16日
发 证 日 期：2012-10-17

湖南飞力格科技有限公司
许可证编号：饲预（2012）4983
注 册 地 址：湖南省邵阳市白马工业园
生 产 地 址：湖南省邵阳市白马工业园
有 效 期：2012年07月09日至2017年07月08日
发 证 日 期：2012-07-09

长沙科力饲料有限公司
许可证编号：饲预（2012）2450
注 册 地 址：湖南省长沙市芙蓉中路锦绣华天写字楼1017室
生 产 地 址：湖南省长沙经济技术开发区星沙寿昌路17号
有 效 期：2012年04月17日至2017年04月16日
发 证 日 期：2012-04-17

湖南汉高生物科技有限公司
许可证编号：饲预（2012）6483
注 册 地 址：湖南省长沙市芙蓉区东岸乡杉木村五组
生 产 地 址：湖南省长沙市芙蓉区东岸乡杉木村五组
有 效 期：2012年01月13日至2017年01月12日
发 证 日 期：2012-01-13

长沙美日生物科技有限公司
许可证编号：饲预（2012）3197
注 册 地 址：湖南省长沙市开福区山月路299号
生 产 地 址：湖南省长沙市芙蓉区东岸乡杉木村8组
有 效 期：2012年06月11日至2017年06月10日
发 证 日 期：2012-06-11

衡阳市富矿饲料添加剂有限公司
许可证编号：饲预（2012）2563
注 册 地 址：湖南省衡阳市珠晖区东阳渡镇人民村周家坳58号
生 产 地 址：湖南省衡阳市珠晖区东阳渡镇人民村周家坳58号
有 效 期：2012年06月11日至2017年06月10日
发 证 日 期：2012-06-11

湖南威亚牧业科技有限公司
许可证编号：饲预（2012）4982
注 册 地 址：湖南省洞口县城蔡锷路264号
生 产 地 址：湖南省洞口县城蔡锷路264号
有 效 期：2012年07月09日至2017年07月08日
发 证 日 期：2012-07-09

长沙金凯农生物科技有限公司
许可证编号：饲预（2012）6683
注 册 地 址：湖南省长沙市芙蓉区湖南农大东湖渔场
生 产 地 址：湖南省长沙市芙蓉区湖南农大东湖渔场
有 效 期：2012年07月09日至2017年07月08日
发 证 日 期：2012-07-09

长沙百联饲料科技有限责任公司
许可证编号：饲预（2012）5030
注 册 地 址：湖南省长沙市雨花区黎托乡
生 产 地 址：湖南省长沙市雨花区黎托乡
有 效 期：2012年07月09日至2017年07月08日
发 证 日 期：2012-07-09

湖南晶天科技实业有限公司
许可证编号：饲预（2012）0857
注 册 地 址：湖南省长沙市桐梓坡高新技术产业开发区英才园三片
生 产 地 址：湖南省长沙市浏阳市永安镇现代产业制造园
有 效 期：2012年06月11日至2017年06月10日
发 证 日 期：2012-06-11

湖南大北农农业科技有限公司
许可证编号：饲预（2012）6639
注 册 地 址：湖南省望城县国家农业科技园区金星路
生 产 地 址：湖南省望城县国家农业科技园区金星路
有 效 期：2012年06月11日至2017年06月10日
发 证 日 期：2012-06-11

湖南丹维生物科技有限公司
许可证编号：饲预（2012）5178
注 册 地 址：湖南省望城县台商投资区唯罗克路28号
生 产 地 址：湖南省望城县台商投资区唯罗克路28号
有 效 期：2012年06月11日至2017年06月10日
发 证 日 期：2012-06-11

唐人神集团股份有限公司
许可证编号：饲预（2012）0863
注 册 地 址：湖南省株洲市国家高新技术产业开发区栗雨工业园
生 产 地 址：湖南省株洲市国家高新技术产业开发区栗雨工业园
有 效 期：2012 年 06 月 11 日至 2017 年 06 月 10 日
发 证 日 期：2012-06-11

湖南湘天科技发展有限公司
许可证编号：饲预（2012）5120
注 册 地 址：湖南省岳阳市屈原管理区营田镇
生 产 地 址：湖南省岳阳市屈原管理区营田镇
有 效 期：2012 年 10 月 17 日至 2017 年 10 月 16 日
发 证 日 期：2012-10-17

岳阳市天勤饲料科技有限公司
许可证编号：饲预（2012）6665
注 册 地 址：湖南省岳阳市屈原管理区河市镇
生 产 地 址：湖南省岳阳市屈原管理区河市镇
有 效 期：2012 年 06 月 11 日至 2017 年 06 月 10 日
发 证 日 期：2012-06-11

湖南湘正野生物饲料有限公司
许可证编号：饲预（2012）6663
注 册 地 址：湖南省湘潭县石潭镇窑上居委会
生 产 地 址：湖南省湘潭县石潭镇窑上居委会
有 效 期：2012 年 06 月 11 日至 2017 年 06 月 10 日
发 证 日 期：2012-06-11

株洲智荟生物科技有限公司
许可证编号：饲预（2012）4901
注 册 地 址：湖南省株洲市高新技术产业开发区栗雨工业园
生 产 地 址：湖南省株洲市高新技术产业开发区栗雨工业园
有 效 期：2012 年 04 月 17 日至 2017 年 04 月 16 日
发 证 日 期：2012-04-17

长沙昂牧饲料有限公司
许可证编号：饲预（2012）5065
注 册 地 址：湖南省长沙市雨花区长托工业园
生 产 地 址：湖南省长沙市雨花区长托工业园
有 效 期：2012 年 10 月 17 日至 2017 年 10 月 16 日
发 证 日 期：2012-10-17

长沙天阳生物科技有限公司
许可证编号：饲预（2012）5064
注 册 地 址：湖南省长沙市三湘中路 928 号天心丽城 410
生 产 地 址：湖南省长沙市芙蓉区隆平高科技园内
有 效 期：2012 年 07 月 09 日至 2017 年 07 月 08 日
发 证 日 期：2012-07-09

长沙旺牧饲料有限公司
许可证编号：饲预（2012）5177
注 册 地 址：湖南省长沙市岳麓区铜盆湖路 1 号景秀江山
生 产 地 址：湖南省长沙市望城县黄金乡
有 效 期：2012 年 09 月 03 日至 2017 年 09 月 02 日
发 证 日 期：2012-09-03

岳阳宏泰饲料科技有限公司
许可证编号：饲预（2012）2917
注 册 地 址：湖南省岳阳市屈原管理区营田镇
生 产 地 址：湖南省岳阳市屈原管理区营田镇
有 效 期：2012 年 06 月 11 日至 2017 年 06 月 10 日
发 证 日 期：2012-06-11

岳阳市屈原管理区强神饲料有限公司
许可证编号：饲预（2012）6664
注 册 地 址：湖南省岳阳市屈原管理区营田镇
生 产 地 址：湖南省岳阳市屈原管理区营田镇
有 效 期：2012 年 06 月 11 日至 2017 年 06 月 10 日
发 证 日 期：2012-06-11

长沙旺森畜牧实业有限公司
许可证编号：饲预（2012）2659
注 册 地 址：湖南省长沙市东二环 1139 号湖南国际商务中心 418 号
生 产 地 址：湖南省长沙市雨花区黎托乡合丰村
有 效 期：2012 年 06 月 11 日至 2017 年 06 月 10 日
发 证 日 期：2012-06-11

湖南荣宁饲料有限公司
许可证编号：饲预（2012）2520
注 册 地 址：湖南省长沙市宁乡县白马桥乡白马北路 317 号
生 产 地 址：湖南省长沙市宁乡白马大道
有 效 期：2012 年 06 月 11 日至 2017 年 06 月 10 日
发 证 日 期：2012-06-11

湖南惠泉农牧科技发展有限公司

许可证编号：饲预（2012）5875
注 册 地 址：湖南省长沙市宁乡县回龙铺镇万寿山村十组
生 产 地 址：湖南省长沙市宁乡县回龙铺镇万寿山村十组
有　效　期：2012 年 04 月 17 日至 2017 年 04 月 16 日
发 证 日 期：2012-04-17

长沙富源科技实业有限公司

许可证编号：饲预（2012）2877
注 册 地 址：湖南省长沙市芙蓉区人民中路 481 号通发公寓一栋 603 房
生 产 地 址：湖南省长沙市雨花区黎托乡花桥村
有　效　期：2012 年 01 月 13 日至 2017 年 01 月 12 日
发 证 日 期：2012-01-13

永州市北大农牧有限公司

许可证编号：饲预（2012）6586
注 册 地 址：湖南省祁阳县浯溪镇康乐路
生 产 地 址：湖南省祁阳县浯溪镇康乐路
有　效　期：2012 年 04 月 17 日至 2017 年 04 月 16 日
发 证 日 期：2012-04-17

长沙佰福生物科技有限责任公司

许可证编号：饲预（2012）6640
注 册 地 址：湖南省长沙市岳麓区桐梓坡路 96 号
生 产 地 址：湖南省长沙市宁乡金洲新区澳洲路 66 号
有　效　期：2012 年 06 月 11 日至 2017 年 06 月 10 日
发 证 日 期：2012-06-11

衡阳市展望饲料有限公司

许可证编号：饲预（2012）2661
注 册 地 址：湖南省衡阳市衡南县三塘镇
生 产 地 址：湖南省衡阳市衡南县三塘镇
有　效　期：2012 年 04 月 17 日至 2017 年 04 月 16 日
发 证 日 期：2012-04-17

湖南大蓝生物科技饲料有限公司

许可证编号：饲预（2012）4900
注 册 地 址：湖南省望城县台商投资区泰嘉路 58 号
生 产 地 址：湖南省望城县台商投资区泰嘉路 58 号
有　效　期：2012 年 01 月 13 日至 2017 年 01 月 12 日
发 证 日 期：2012-01-13

湖南新发展农牧科技有限公司

许可证编号：饲预（2012）6812
注 册 地 址：湖南省衡阳市蒸湘区呆鹰岭工业园 168 号
生 产 地 址：湖南省衡阳市蒸湘区呆鹰岭工业园 168 号
有　效　期：2012 年 12 月 18 日至 2017 年 12 月 17 日
发 证 日 期：2012-12-18

广　东　省

广州锋之牧生物科技有限公司

许可证编号：饲预（2012）6810
注 册 地 址：广东省广州市黄埔区大沙地东路 403 号 B319 房
生 产 地 址：广东省广州市黄埔区石化路自编 1846 号
有　效　期：2012 年 12 月 18 日至 2017 年 12 月 17 日
发 证 日 期：2012-12-18

珠海市康益达生物科技有限公司

许可证编号：饲预（2012）5254
注 册 地 址：广东省珠海市金海岸大道（金海岸生物科技园）15 号
生 产 地 址：广东省珠海市金海岸大道（金海岸生物科技园）15 号
有　效　期：2012 年 12 月 18 日至 2017 年 12 月 17 日
发 证 日 期：2012-12-18

广州绿安康饲料科技有限公司
许可证编号：饲预（2012）2921
注 册 地 址：广东省广州市从化鳌头镇安康路48号
生 产 地 址：广东省广州市从化鳌头镇安康路48号
有　效　期：2012年12月18日至2017年12月17日
发 证 日 期：2012-12-18

深圳市绿康实业有限公司
许可证编号：饲预（2012）3058
注 册 地 址：广东省深圳市龙岗区龙城街道龙西社区对面岭南路一巷6号
生 产 地 址：广东省深圳市龙岗区龙城街道龙西社区对面岭南路一巷6号
有　效　期：2012年12月18日至2017年12月17日
发 证 日 期：2012-12-18

广州市诚一水产科技有限公司
许可证编号：饲预（2012）3330
注 册 地 址：广东省广州市番禺区桥南街陈涌综合开发区兴业大道三横路
生 产 地 址：广东省广州市番禺区桥南街陈涌综合开发区兴业大道三横路
有　效　期：2012年12月18日至2017年12月17日
发 证 日 期：2012-12-18

广州海因特生物技术有限公司
许可证编号：饲预（2012）5343
注 册 地 址：广东省广州高新技术产业开发区新桂二路56号
生 产 地 址：广东省广州高新技术产业开发区新桂二路56号
有　效　期：2012年12月18日至2017年12月17日
发 证 日 期：2012-12-18

广东温氏食品集团有限公司
许可证编号：饲预（2012）3064
注 册 地 址：广东省云浮市新兴县簕竹镇榄根
生 产 地 址：广东省云浮市新兴县簕竹镇榄根
有　效　期：2012年10月17日至2017年10月16日
发 证 日 期：2012-10-17

佛山市南华新龙药业有限公司
许可证编号：饲预（2012）5155
注 册 地 址：广东省佛山市高明区沧江工业园东园兴民路
生 产 地 址：广东省佛山市高明区沧江工业园东园兴民路
有　效　期：2012年12月18日至2017年12月17日
发 证 日 期：2012-12-18

广州白云山宝神动物保健品有限公司
许可证编号：饲预（2012）5281
注 册 地 址：广东省广州市白云区龙归镇永兴村陈太路337号
生 产 地 址：广东省广州市白云区龙归镇永兴村陈太路337号
有　效　期：2012年12月18日至2017年12月17日
发 证 日 期：2012-12-18

广东碧德生物科技有限公司
许可证编号：饲预（2012）4120
注 册 地 址：广东省广州市萝岗区神舟路788号A-2三楼
生 产 地 址：广东省广州市萝岗区神舟路788号A-2三楼
有　效　期：2012年12月18日至2017年12月17日
发 证 日 期：2012-12-18

广州市冠泰饲料有限公司
许可证编号：饲预（2012）6760
注 册 地 址：广东省广州市从化市太平镇高埔村下大埔社45号
生 产 地 址：广东省广州市从化市太平镇高埔村下大埔社45号
有　效　期：2012年09月03日至2017年09月02日
发 证 日 期：2012-09-03

广东通威饲料有限公司
许可证编号：饲预（2012）5255
注 册 地 址：广东省佛山市南海区狮山镇小塘新境工业开发区
生 产 地 址：广东省佛山市南海区狮山镇小塘新境工业开发区
有　效　期：2012年12月18日至2017年12月17日
发 证 日 期：2012-12-18

深圳市嘉联艾生物科技有限公司

许可证编号：饲预（2012）5252
注 册 地 址：广东省深圳市龙岗区横岗街道大康社区大万陈屋万福路5号
生 产 地 址：广东省深圳市龙岗区横岗街道大康社区大万陈屋万福路5号
有 效 期：2012年12月18日至2017年12月17日
发 证 日 期：2012-12-18

广州冠佳生物科技有限公司

许可证编号：饲预（2012）5342
注 册 地 址：广东省广州市天河区柯木塱南路27号下8-3号
生 产 地 址：广东省广州市天河区柯木塱南路27号下8-3号
有 效 期：2012年10月17日至2017年10月16日
发 证 日 期：2012-10-17

广东安佑饲料科技有限公司

许可证编号：饲预（2012）5230
注 册 地 址：广东省广州市白云区钟落潭镇广龙路一横路3号
生 产 地 址：广东省广州市白云区钟落潭镇广龙路一横路3号
有 效 期：2012年09月03日至2017年09月02日
发 证 日 期：2012-09-03

广东天山药业有限公司

许可证编号：饲预（2012）6746
注 册 地 址：广东省始兴沙帽岗工业区3号
生 产 地 址：广东省始兴沙帽工业区3号
有 效 期：2012年09月03日至2017年09月02日
发 证 日 期：2012-09-03

广州格雷特生物科技有限公司

许可证编号：饲预（2012）6747
注 册 地 址：广东省广州经济技术开发区创业路1号
生 产 地 址：广东省广州经济技术开发区创业路1号
有 效 期：2012年09月03日至2017年09月02日
发 证 日 期：2012-09-03

深圳安佑康牧科技有限公司

许可证编号：饲预（2012）2664
注 册 地 址：广东省深圳市光明新区公明街道玉律社区第五工业区八栋
生 产 地 址：广东省深圳市光明新区公明街道玉律社区第五工业区八栋
有 效 期：2012年07月09日至2017年07月08日
发 证 日 期：2012-07-09

广州市苡锋饲料有限公司

许可证编号：饲预（2012）6799
注 册 地 址：广东省广州市番禺区石壁街105国道都那路段3号
生 产 地 址：广东省广州市番禺区石壁街105国道都那路段3号
有 效 期：2012年10月17日至2017年10月16日
发 证 日 期：2012-10-17

广州市大江饲料有限公司

许可证编号：饲预（2012）5048
注 册 地 址：广东省广州市白云区太和镇龙归南村第五经济合作社
生 产 地 址：广东省广州市白云区太和镇龙归南村第五经济合作社
有 效 期：2012年12月18日至2017年12月17日
发 证 日 期：2012-12-18

广州市天王农牧发展有限公司

许可证编号：饲预（2012）6761
注 册 地 址：广东省广州市花都区新华镇107国道华海工业区
生 产 地 址：广东省广州市花都区新华镇107国道华海工业区
有 效 期：2012年09月03日至2017年09月02日
发 证 日 期：2012-09-03

佛山市顺德区大良粤宝饲料有限公司

许可证编号：饲预（2012）2529
注 册 地 址：广东省佛山市顺德区大良街道红岗樟岗工业区
生 产 地 址：广东省佛山市顺德区大良街道红岗樟岗工业区
有 效 期：2012年09月03日至2017年09月02日
发 证 日 期：2012-09-03

广州喜多丰饲料有限公司

许可证编号：饲预（2012）6745
注 册 地 址：广东省广州市萝岗区天鹿南路262号
生 产 地 址：广东省广州市萝岗区天鹿南路262号
有 效 期：2012年09月03日至2017年09月02日
发 证 日 期：2012-09-03

东莞市万江兴大饲料工业公司

许可证编号：饲预（2012）5044
注 册 地 址：广东省东莞市万江区
生 产 地 址：广东省东莞市万江区水蛇涌工业区
有 效 期：2012年07月09日至2017年07月08日
发 证 日 期：2012-07-09

广州傲农生物科技有限公司
许可证编号：饲预（2012）6727
注 册 地 址：广东省广州市增城朱村街南岗村（缸瓦冚）路
生 产 地 址：广东省广州市增城朱村街南岗村（缸瓦冚）路
有 效 期：2012 年 07 月 09 日至 2017 年 07 月 08 日
发 证 日 期：2012 - 07 - 09

广州三泓实业有限公司
许可证编号：饲预（2012）2523
注 册 地 址：广东省广州市天河区柯木塱广东省良种繁育中心内
生 产 地 址：广东省广州市天河区柯木塱广东省良种繁育中心内
有 效 期：2012 年 07 月 09 日至 2017 年 07 月 08 日
发 证 日 期：2012 - 07 - 09

韶关市大盛农营养饲料有限公司
许可证编号：饲预（2012）6620
注 册 地 址：广东省韶关市沐溪工业园沐溪大道 201 号
生 产 地 址：广东省韶关市沐溪工业园沐溪大道 201 号
有 效 期：2012 年 06 月 11 日至 2017 年 06 月 10 日
发 证 日 期：2012 - 06 - 11

广州智特奇生物科技有限公司
许可证编号：饲预（2012）2224
注 册 地 址：广东省广州市花都区花东镇弯弓塘居委会老虎头
生 产 地 址：广东省广州市花都区花东镇弯弓塘居委会老虎头
有 效 期：2012 年 06 月 11 日至 2017 年 06 月 10 日
发 证 日 期：2012 - 06 - 11

广东广牧动物保健品有限公司
许可证编号：饲预（2012）5258
注 册 地 址：广东省广州市白云区竹料雄伟联社庄园路 8 号
生 产 地 址：广东省广州市白云区竹料雄伟联社庄园路 8 号
有 效 期：2012 年 07 月 09 日至 2017 年 07 月 08 日
发 证 日 期：2012 - 07 - 09

广州市利健药业有限公司
许可证编号：饲预（2012）5154
注 册 地 址：广东省广州市白云区江高镇蓼江村江石路 2 号
生 产 地 址：广东省广州市白云区江高镇蓼江村江石路 2 号
有 效 期：2012 年 07 月 09 日至 2017 年 07 月 08 日
发 证 日 期：2012 - 07 - 09

佛山八维生物科技有限公司
许可证编号：饲预（2012）6773
注 册 地 址：广东省佛山市三水工业区大塘园 48 - 6 号地
生 产 地 址：广东省佛山市三水工业区大塘园 48 - 6 号地
有 效 期：2012 年 10 月 17 日至 2017 年 10 月 16 日
发 证 日 期：2012 - 10 - 17

中山市冠泰饲料有限公司
许可证编号：饲预（2012）2171
注 册 地 址：广东省中山市黄圃镇岗东工业区金龙西路
生 产 地 址：广东省中山市黄圃镇岗东工业区金龙西路
有 效 期：2012 年 09 月 03 日至 2017 年 09 月 02 日
发 证 日 期：2012 - 09 - 03

广州粤丰动物保健有限公司
许可证编号：饲预（2012）4862
注 册 地 址：广东省广州市花都区赤坭镇古树大道
生 产 地 址：广东省广州市花都区赤坭镇古树大道
有 效 期：2012 年 06 月 11 日至 2017 年 06 月 10 日
发 证 日 期：2012 - 06 - 11

鹤山市南华动物药业有限公司
许可证编号：饲预（2012）4898
注 册 地 址：广东省鹤山市沙坪镇人民西路 16 号之三
生 产 地 址：广东省鹤山市沙坪镇人民西路 16 号之三
有 效 期：2012 年 07 月 09 日至 2017 年 07 月 08 日
发 证 日 期：2012 - 07 - 09

广州正和生物科技有限公司
许可证编号：饲预（2012）5229
注 册 地 址：广东省广州市天河区天府路 239 - 257 号 305 之 3 房
生 产 地 址：广东省增城市中新镇坪中公路自编 1 号
有 效 期：2012 年 10 月 17 日至 2017 年 10 月 16 日
发 证 日 期：2012 - 10 - 17

广东瑞生科技有限公司
许可证编号：饲预（2012）5168
注 册 地 址：广东省茂名市电白县水东镇三角圩广湛路 88 号
生 产 地 址：广东省茂名市电白县水东镇三角圩广湛路 88 号
有 效 期：2012 年 10 月 17 日至 2017 年 10 月 16 日
发 证 日 期：2012 - 10 - 17

广州智星无抗饲料发展有限公司
许可证编号：饲预（2012）5046
注 册 地 址：广东省广州市白云区太和镇龙归夏良村高桥独立1号
生 产 地 址：广东省广州市白云区太和镇龙归夏良村高桥独立1号
有　效　期：2012年07月09日至2017年07月08日
发 证 日 期：2012-07-09

佛山市南海禅泰动物药业有限公司
许可证编号：饲预（2012）5344
注 册 地 址：广东省佛山市南海区官窑马鞍岗工业区
生 产 地 址：广东省佛山市南海区官窑马鞍岗工业区
有　效　期：2012年09月03日至2017年09月02日
发 证 日 期：2012-09-03

佛山市华洋动物营养品有限公司
许可证编号：饲预（2012）2923
注 册 地 址：广东省佛山市三水中心科技工业区西南园C区15-9号
生 产 地 址：广东省佛山市三水中心科技工业区西南园C区15-9号
有　效　期：2012年07月09日至2017年07月08日
发 证 日 期：2012-07-09

广州市优百特饲料科技有限公司
许可证编号：饲预（2012）5171
注 册 地 址：广东省广州市白云区钟落潭镇竹料雄伟新庄园10号
生 产 地 址：广东省广州市白云区钟落潭镇竹料雄伟新庄园10号
有　效　期：2012年10月17日至2017年10月16日
发 证 日 期：2012-10-17

广州华农大实验兽药有限公司
许可证编号：饲预（2012）5047
注 册 地 址：广东省广州市天河区五山华南农大校内9号楼旁
生 产 地 址：广东省广州市天河区五山华南农业大学西门
有　效　期：2012年07月09日至2017年07月08日
发 证 日 期：2012-07-09

江门市新会区新力饲料有限公司
许可证编号：饲预（2012）6726
注 册 地 址：广东省江门市新会区会城九龙村公路边
生 产 地 址：广东省江门市新会区会城九龙村公路边
有　效　期：2012年07月09日至2017年07月08日
发 证 日 期：2012-07-09

佛山市兴牧有限公司动物保健品分公司
许可证编号：饲预（2012）6725
注 册 地 址：广东省佛山市禅城区城西工业区华富北路
生 产 地 址：广东省佛山市禅城区城西工业区华富北路
有　效　期：2012年07月09日至2017年07月08日
发 证 日 期：2012-07-09

广州惠华动物保健品有限公司
许可证编号：饲预（2012）2209
注 册 地 址：广东省广州经济技术开发区永和经济区禾丰路59号
生 产 地 址：广东省广州经济技术开发区永和经济区禾丰路59号
有　效　期：2012年10月17日至2017年10月16日
发 证 日 期：2012-10-17

广州新睿诚动物饲料有限公司
许可证编号：饲预（2012）6770
注 册 地 址：广东省广州市白云区太和镇草庄村横岭草庄公路88号A栋
生 产 地 址：广东省广州市白云区太和镇草庄村横岭草庄公路88号A栋
有　效　期：2012年10月17日至2017年10月16日
发 证 日 期：2012-10-17

广州保大饲料有限公司
许可证编号：饲预（2012）5662
注 册 地 址：广东省广州从化市经济开发区高技术产业园高湖路5号1幢
生 产 地 址：广东省广州从化市经济开发区高技术产业园高湖路5号1幢
有　效　期：2012年07月09日至2017年07月08日
发 证 日 期：2012-07-09

广州大台农饲料有限公司

许可证编号：饲预（2012）4992
注册地址：广东省从化经济开发区高技术产业园高湖路5号
生产地址：广东省从化经济开发区高技术产业园高湖路5号
有效期：2012年07月09日至2017年07月08日
发证日期：2012-07-09

佛山市顺德区海坤生物技术有限公司台山分公司

许可证编号：饲预（2012）6771
注册地址：广东省江门市台山市斗山镇横江村委会后面
生产地址：广东省江门市台山市斗山镇横江村委会后面
有效期：2012年10月17日至2017年10月16日
发证日期：2012-10-17

广州市诚大饲料有限公司

许可证编号：饲预（2012）6689
注册地址：广东省广州市白云区太和镇草庄中路251号
生产地址：广东省广州市白云区太和镇草庄中路251号
有效期：2012年07月09日至2017年07月08日
发证日期：2012-07-09

广东正大康地有限公司

许可证编号：饲预（2012）4788
注册地址：广东省广州市天河区黄埔大道东646号
生产地址：广东省广州市天河区黄埔大道东646号
有效期：2012年04月17日至2017年04月16日
发证日期：2012-04-17

东莞兴业生物科技有限公司

许可证编号：饲预（2012）2786
注册地址：广东省东莞市莞城科技园
生产地址：广东省东莞市莞龙路莞城科技园
有效期：2012年06月11日至2017年06月10日
发证日期：2012-06-11

广州金恩贝生物科技有限公司

许可证编号：饲预（2012）6619
注册地址：广东省广州市白云区广陈东路996号101房
生产地址：广东省广州市白云区广陈东路996号101房
有效期：2012年06月11日至2017年06月10日
发证日期：2012-06-11

江门市天成生物科技有限公司

许可证编号：饲预（2012）6680
注册地址：广东省江门市蓬江区棠下镇周郡村海滩围工业区41号之七
生产地址：广东省江门市蓬江区棠下镇周郡村海滩围工业区41号之七
有效期：2012年07月09日至2017年07月08日
发证日期：2012-07-09

湛江粤海预混料科技有限公司

许可证编号：饲预（2012）6766
注册地址：广东省湛江市官渡工业园B区粤佳路1号
生产地址：广东省湛江市官渡工业园B区粤佳路1号
有效期：2012年10月17日至2017年10月16日
发证日期：2012-10-17

广东瑞泰生物药业有限公司

许可证编号：饲预（2012）6772
注册地址：广东省揭阳市普侨区石南工业区（石南公路东侧）
生产地址：广东省揭阳市普侨区
有效期：2012年10月17日至2017年10月16日
发证日期：2012-10-17

广州至圣饲料有限公司

许可证编号：饲预（2012）5729
注册地址：广东省广州市花都区赤坭镇矛竹脚12号之二
生产地址：广东省广州市花都区赤坭镇矛竹脚12号之二
有效期：2012年06月11日至2017年06月10日
发证日期：2012-06-11

广州快大饲料有限公司

许可证编号：饲预（2012）5118
注册地址：广东省广州市白云区钟落潭镇五龙岗村广从公路钟落潭北加油站侧自编311号
生产地址：广东省广州市白云区钟落潭镇五龙岗村广从公路钟落潭北加油站侧自编311号
有效期：2012年06月11日至2017年06月10日
发证日期：2012-06-11

广州格拉姆生物科技有限公司

许可证编号：饲预（2012）6628
注册地址：广东省广州市萝岗区云埔三路19号自编3栋301房
生产地址：广东省广州市萝岗区云埔三路19号自编3栋301房
有效期：2012年06月11日至2017年06月10日
发证日期：2012-06-11

廉江市致富兽药饲料有限公司
许可证编号：饲预（2012）2282
注 册 地 址：广东省廉江市九洲江经济技术开发区
生 产 地 址：广东省廉江市九洲江经济技术开发区
有　效　期：2012年04月17日至2017年04月16日
发 证 日 期：2012-04-17

佛山市高明谷维饲料生物科技有限公司
许可证编号：饲预（2012）5041
注 册 地 址：广东省佛山市高明区荷城街道三洲兴盛路
生 产 地 址：广东省佛山市高明区荷城街道三洲兴盛路
有　效　期：2012年06月11日至2017年06月10日
发 证 日 期：2012-06-11

广东新粮实业有限公司新粮饲料厂
许可证编号：饲预（2012）2667
注 册 地 址：广东省江门市新会区新会大道西29号
生 产 地 址：广东省江门市新会区新会大道西29号
有　效　期：2012年06月11日至2017年06月10日
发 证 日 期：2012-06-11

广东新理想生物制药有限公司
许可证编号：饲预（2012）6613
注 册 地 址：广东省广州市白云区钟落潭镇良田村良园东路2号之一号厂房
生 产 地 址：广东省广州市白云区钟落潭镇良田村良园东路2号之一号厂
房有效期：2012年06月11日至2017年06月10日
发 证 日 期：2012-06-11

广州市佳迪美动物营养保健有限公司
许可证编号：饲预（2012）2524
注 册 地 址：广东省广州市番禺区沙头街大平第二工业区8号
生 产 地 址：广东省广州市番禺区沙头街大平第二工业区8号
有　效　期：2012年04月17日至2017年04月16日
发 证 日 期：2012-04-17

广州东荣天然色素有限公司
许可证编号：饲预（2012）4350
注 册 地 址：广东省广州市番禺区东涌镇鱼窝头村工业区
生 产 地 址：广东省广州市番禺区东涌镇鱼窝头村工业区
有　效　期：2012年04月17日至2017年04月16日
发 证 日 期：2012-04-17

韶关市番灵饲料有限公司
许可证编号：饲预（2012）6617
注 册 地 址：广东省韶关市沐溪工业园
生 产 地 址：广东省韶关市沐溪工业园
有　效　期：2012年06月11日至2017年06月10日
发 证 日 期：2012-06-11

佛山市德宁生物技术有限公司
许可证编号：饲预（2012）2876
注 册 地 址：广东省佛山市顺德区容桂小黄圃创业路12号
生 产 地 址：广东省佛山市顺德区容桂小黄圃创业路12号
有　效　期：2012年06月11日至2017年06月10日
发 证 日 期：2012-06-11

广东顶业农牧饲料有限公司
许可证编号：饲预（2012）6650
注 册 地 址：广东省梅州市扶大高新技术开发区三葵
生 产 地 址：广东省梅州市扶大高新技术开发区三葵
有　效　期：2012年06月11日至2017年06月10日
发 证 日 期：2012-06-11

广州市万众同和动物药品有限公司
许可证编号：饲预（2012）6604
注 册 地 址：广东省广州市白云区同和云祥路238号小城花园E栋一楼
生 产 地 址：广东省广州市白云区同和街云祥路176号翠竹园新编3号楼三、四层
有　效　期：2012年04月17日至2017年04月16日
发 证 日 期：2012-04-17

广东粤星实业发展有限公司
许可证编号：饲预（2012）6621
注 册 地 址：广东省佛山市顺德区杏坛镇右滩大道工业开发区27号
生 产 地 址：广东省佛山市顺德区杏坛镇麦村百安中路西2号
有　效　期：2012年06月11日至2017年06月10日
发 证 日 期：2012-06-11

广东正大康地动物保健有限公司
许可证编号：饲预（2012）6615
注 册 地 址：广东省增城市东区高科技工业园纬五路
生 产 地 址：广东省增城市东区高科技工业园纬五路
有　效　期：2012年06月11日至2017年06月10日
发 证 日 期：2012-06-11

梅州嘉润畜牧发展有限公司
许可证编号：饲预（2012）6585
注 册 地 址：广东省梅州市平远县大拓镇黄花陂坳背塘
生 产 地 址：广东省梅州市平远县黄花陂绿海工业园区
有　效　期：2012年04月17日至2017年04月16日
发 证 日 期：2012-04-17

广州驱动力饲料有限公司
许可证编号：饲预（2012）6540
注 册 地 址：广东省广州市白云区石井唐阁蚬岗岭工业区18号之一
生 产 地 址：广东省广州市白云区石井唐阁蚬岗岭工业区18号之一
有　效　期：2012年03月07日至2017年03月06日
发 证 日 期：2012-03-07

东莞市友生饲料有限公司
许可证编号：饲预（2012）6515
注 册 地 址：广东省东莞市横沥镇水边村大地路
生 产 地 址：广东省东莞市横沥镇水边村大地路
有　效　期：2012年03月07日至2017年03月06日
发 证 日 期：2012-03-07

广州益牲宝动物药业有限公司
许可证编号：饲预（2012）6487
注 册 地 址：广东省广州市花都区炭步镇工业园
生 产 地 址：广东省广州市花都区炭步镇工业园
有　效　期：2012年01月13日至2017年01月12日
发 证 日 期：2012-01-13

广州德沅生物饲料有限公司
许可证编号：饲预（2012）6485
注 册 地 址：广东省广州市白云区人和镇建南村白象岭公园路自编1号
生 产 地 址：广东省广州市白云区人和镇建南村白象岭公园路自编1号
有　效　期：2012年01月13日至2017年01月12日
发 证 日 期：2012-01-13

广州市致善生物科技有限公司
许可证编号：饲预（2012）6477
注 册 地 址：广东省广州市白云区钟落潭镇红旗中心路70号之二
生 产 地 址：广东省广州市白云区钟落潭镇金盆村十社伟达工业区自编2号
有　效　期：2012年01月13日至2017年01月12日
发 证 日 期：2012-01-13

广东粤海饲料集团有限公司
许可证编号：饲预（2012）5043
注 册 地 址：广东省湛江市霞山区机场路22号
生 产 地 址：广东省湛江市霞山区机场路22号
有　效　期：2012年04月17日至2017年04月16日
发 证 日 期：2012-04-17

广州拓普思动物药业有限公司
许可证编号：饲预（2012）5157
注 册 地 址：广东省广州市白云区龙归镇夏良永泰庄工业区
生 产 地 址：广东省广州市白云区龙归镇夏良永泰庄工业区
有　效　期：2012年03月07日至2017年03月06日
发 证 日 期：2012-03-07

广州广佳生物科技有限公司
许可证编号：饲预（2012）5734
注 册 地 址：广东省广州市天河区新塘村横圳八社工业园10号一楼
生 产 地 址：广东省广州市天河区新塘村横圳八社工业园10号一楼
有　效　期：2012年03月07日至2017年03月06日
发 证 日 期：2012-03-07

惠州九鼎饲料科技有限公司
许可证编号：饲预（2012）6486
注 册 地 址：广东省惠州市博罗县泰美镇板桥工业区
生 产 地 址：广东省惠州市博罗县泰美镇板桥工业区
有　效　期：2012年01月13日至2017年01月12日
发 证 日 期：2012-01-13

广东旺大生物科技有限公司萝岗分公司
许可证编号：饲预（2012）6488
注 册 地 址：广东省广州市萝岗区九龙镇大坦路45号
生 产 地 址：广东省广州市萝岗区九龙镇大坦路45号
有　效　期：2012年01月13日至2017年01月12日
发 证 日 期：2012-01-13

广州快康保饲料有限公司
许可证编号：饲预（2012）6559
注 册 地 址：广东省广州市白云区钟落潭良田陈洞村坑边街180号
生 产 地 址：广东省广州市白云区钟落潭良田陈洞村坑边街180号
有　效　期：2012年04月17日至2017年04月16日
发 证 日 期：2012-04-17

台山市华昌饲料厂
许可证编号：饲预（2012）6629
注 册 地 址：广东省台山市台城镇北坑工业开发区
生 产 地 址：广东省台山市台城镇北坑工业开发区
有 效 期：2012年06月11日至2017年06月10日
发 证 日 期：2012-06-11

广西壮族自治区

广西参皇养殖集团有限公司
许可证编号：饲预（2012）6590
注 册 地 址：广西壮族自治区玉林市城西塘步岭立交桥南岭背垌
生 产 地 址：广西壮族自治区玉林市城西塘步岭立交桥南岭背垌
有 效 期：2012年04月17日至2017年04月16日
发 证 日 期：2012-04-17

广西武鸣立大饲料厂
许可证编号：饲预（2012）6671
注 册 地 址：广西壮族自治区南宁市武鸣土产公司大院内
生 产 地 址：广西壮族自治区南宁市武鸣土产公司大院内
有 效 期：2012年06月11日至2017年06月10日
发 证 日 期：2012-06-11

广西武鸣城东浓缩饲料厂
许可证编号：饲预（2012）6699
注 册 地 址：广西壮族自治区南宁市武鸣县伊岭工业区城南工业区B区28号
生 产 地 址：广西壮族自治区南宁市武鸣县伊岭工业区城南工业区B区28号
有 效 期：2012年07月09日至2017年07月08日
发 证 日 期：2012-07-09

南宁市泽威尔饲料有限责任公司
许可证编号：饲预（2012）1225
注 册 地 址：广西壮族自治区南宁市良庆区亮岭路6号
生 产 地 址：广西壮族自治区南宁市良庆区亮岭路6号
有 效 期：2012年04月17日至2017年04月16日
发 证 日 期：2012-04-17

广西南宁市圣农科技开发有限公司
许可证编号：饲预（2012）6786
注 册 地 址：广西壮族自治区南宁市科园大道东四路5号第四层4A09号
生 产 地 址：广西壮族自治区南宁市国家高新区科园大道60号生物产业孵化园2号厂
房有效期：2012年10月17日至2017年10月16日
发 证 日 期：2012-10-17

柳州华源动植宝有限公司
许可证编号：饲预（2012）6670
注 册 地 址：广西壮族自治区柳州市屏山大道京港小区310号
生 产 地 址：广西壮族自治区柳州市屏山大道北四巷64号
有 效 期：2012年06月11日至2017年06月10日
发 证 日 期：2012-06-11

广西南宁北粮饲料有限公司
许可证编号：饲预（2012）6700
注 册 地 址：广西南宁市五一西路26号
生 产 地 址：广西南宁市五一西路26号
有 效 期：2012年07月09日至2017年07月08日
发 证 日 期：2012-07-09

南宁漓源粮油饲料有限公司
许可证编号：饲预（2012）6610
注 册 地 址：广西壮族自治区南宁经济技术开发区金凯路25号
生 产 地 址：广西壮族自治区南宁经济技术开发区金凯路25号
有 效 期：2012年04月17日至2017年04月16日
发 证 日 期：2012-04-17

防城港市康大饲料厂

许可证编号：饲预（2012）6636
注 册 地 址：广西壮族自治区防城港市港口区凯乐园 C2 栋 102 号房
生 产 地 址：广西壮族自治区防城港市东兴大道旁
有 效 期：2012 年 06 月 11 日至 2017 年 06 月 10 日
发 证 日 期：2012 - 06 - 11

防城港为大畜牧饲料有限公司

许可证编号：饲预（2012）6637
注 册 地 址：广西壮族自治区防城港市港口区东湾工业园区
生 产 地 址：广西壮族自治区防城港市港口区东湾工业园区
有 效 期：2012 年 06 月 11 日至 2017 年 06 月 10 日
发 证 日 期：2012 - 06 - 11

防城港耀辉饲料开发有限公司

许可证编号：饲预（2012）6785
注 册 地 址：广西壮族自治区防城港市港口区东湾工业园区
生 产 地 址：广西壮族自治区防城港市港口区东湾工业园区
有 效 期：2012 年 10 月 17 日至 2017 年 10 月 16 日
发 证 日 期：2012 - 10 - 17

南宁市大盈生物饲料有限公司

许可证编号：饲预（2012）5395
注 册 地 址：广西壮族自治区南宁市良庆区玉洞工业园月湖二街 2 号
生 产 地 址：广西壮族自治区南宁市良庆区玉洞工业园月湖二街 2 号
有 效 期：2012 年 06 月 11 日至 2017 年 06 月 10 日
发 证 日 期：2012 - 06 - 11

南宁市久山浓缩饲料有限责任公司

许可证编号：饲预（2012）2589
注 册 地 址：广西壮族自治区南宁市北湖村五队
生 产 地 址：广西壮族自治区南宁市北湖村五队
有 效 期：2012 年 06 月 11 日至 2017 年 06 月 10 日
发 证 日 期：2012 - 06 - 11

广西华港农牧发展有限公司

许可证编号：饲预（2012）6635
注 册 地 址：广西壮族自治区南宁市富园路 18 号
生 产 地 址：广西壮族自治区南宁市富园路 18 号
有 效 期：2012 年 06 月 11 日至 2017 年 06 月 10 日
发 证 日 期：2012 - 06 - 11

广西武鸣大比大生物饲料厂

许可证编号：饲预（2012）6589
注 册 地 址：广西壮族自治区武鸣伊岭工业集中区 B 区 28 号
生 产 地 址：广西壮族自治区武鸣伊岭工业集中区 B 区 28 号
有 效 期：2012 年 04 月 17 日至 2017 年 04 月 16 日
发 证 日 期：2012 - 04 - 17

广西南宁益维饲料科技有限公司

许可证编号：饲预（2012）6588
注 册 地 址：广西壮族自治区南宁市六景工业园区纬四路
生 产 地 址：广西壮族自治区南宁市六景工业园区纬四路
有 效 期：2012 年 04 月 17 日至 2017 年 04 月 16 日
发 证 日 期：2012 - 04 - 17

桂林市漓源粮油饲料有限责任公司

许可证编号：饲预（2012）2590
注 册 地 址：广西壮族自治区桂林市中山北路 122 号
生 产 地 址：广西壮族自治区桂林市中山北路 122 号
有 效 期：2012 年 04 月 17 日至 2017 年 04 月 16 日
发 证 日 期：2012 - 04 - 17

广西防城港市兴发浓缩饲料厂

许可证编号：饲预（2012）6592
注 册 地 址：广西壮族自治区防城港市港口区东兴大道
生 产 地 址：广西壮族自治区防城港市港口区东兴大道
有 效 期：2012 年 04 月 17 日至 2017 年 04 月 16 日
发 证 日 期：2012 - 04 - 17

广西防城港市畜旺高浓缩饲料厂

许可证编号：饲预（2012）6591
注 册 地 址：广西壮族自治区防城港市港口区东兴大道
生 产 地 址：广西壮族自治区防城港市港口区东兴大道
有 效 期：2012 年 04 月 17 日至 2017 年 04 月 16 日
发 证 日 期：2012 - 04 - 17

广西旺大饲料有限公司

许可证编号：饲预（2012）5266
注 册 地 址：广西壮族自治区南宁市华侨投资区侨兴路 51 号
生 产 地 址：广西壮族自治区南宁市东盟经济开发区武华大道 378 号
有 效 期：2012 年 04 月 17 日至 2017 年 04 月 16 日
发 证 日 期：2012 - 04 - 17

海 南 省

海南青牧原实业有限公司

许可证编号：饲预（2012）6756
注 册 地 址：海南省海口市江东新市区工业园内
生 产 地 址：海南省海口市江东新市区工业园内
有 效 期：2012 年 09 月 03 日至 2017 年 09 月 02 日
发 证 日 期：2012 - 09 - 03

重 庆 市

重庆综艺营养科技有限责任公司

许可证编号：饲预（2012）6698
注 册 地 址：重庆市永川区南大街 67 号
生 产 地 址：重庆市永川区永青路综艺工业园
有 效 期：2012 年 07 月 09 日至 2017 年 07 月 08 日
发 证 日 期：2012 - 07 - 09

重庆优宝生物技术有限公司

许可证编号：饲预（2012）5099
注 册 地 址：重庆市北碚区北温泉街道重庆市光电仪表都市工业园内
生 产 地 址：重庆市北碚区北温泉街道重庆市光电仪表都市工业园内
有 效 期：2012 年 10 月 17 日至 2017 年 10 月 16 日
发 证 日 期：2012 - 10 - 17

重庆科峰新技术开发有限公司

许可证编号：饲预（2012）6566
注 册 地 址：重庆市北碚区将军路 462 号
生 产 地 址：重庆市北碚区歇马镇东风村五组白土坝
有 效 期：2012 年 04 月 17 日至 2017 年 04 月 16 日
发 证 日 期：2012 - 04 - 17

重庆泰通动物药业有限公司

许可证编号：饲预（2012）6510
注 册 地 址：重庆市荣昌县开发区
生 产 地 址：重庆市荣昌县开发区
有 效 期：2012 年 03 月 07 日至 2017 年 03 月 06 日
发 证 日 期：2012 - 03 - 07

重庆市信心农牧科技有限公司

许可证编号：饲预（2012）6743
注 册 地 址：重庆市荣昌县昌元镇昌州东段 136 号
生 产 地 址：重庆市荣昌县昌元镇昌州东段 136 号
有 效 期：2012 年 09 月 03 日至 2017 年 09 月 02 日
发 证 日 期：2012 - 09 - 03

重庆九重天科技饲料有限公司

许可证编号：饲预（2012）3048
注 册 地 址：重庆市南岸区万寿桥一区一幢二单元 2—2 号
生 产 地 址：重庆市南岸区鸡冠石镇石龙村
有 效 期：2012 年 07 月 09 日至 2017 年 07 月 08 日
发 证 日 期：2012 - 07 - 09

重庆佳运饲料有限公司

许可证编号：饲预（2012）3940
注 册 地 址：重庆市荣昌县昌元街道杜家坝工业园区
生 产 地 址：重庆市荣昌县昌元街道荣双路武警中队旁
有 效 期：2012 年 06 月 11 日至 2017 年 06 月 10 日
发 证 日 期：2012 - 06 - 11

四 川 省

四川红金宝饲料有限公司
许可证编号：饲预（2012）5130
注 册 地 址：四川省德阳市广汉市南兴镇兴华东街
生 产 地 址：四川省德阳市广汉市南兴镇兴华东街
有　效　期：2012 年 06 月 11 日至 2017 年 06 月 10 日
发 证 日 期：2012 - 06 - 11

眉山市力祥饲料厂
许可证编号：饲预（2012）5174
注 册 地 址：四川省眉山市东坡区象耳镇开发区
生 产 地 址：四川省眉山市东坡区象耳镇农林村四组
有　效　期：2012 年 09 月 03 日至 2017 年 09 月 02 日
发 证 日 期：2012 - 09 - 03

成都正好饲料科技有限公司
许可证编号：饲预（2012）6622
注 册 地 址：四川省成都市金堂县栖贤开发区
生 产 地 址：四川省成都市金堂县栖贤开发区
有　效　期：2012 年 06 月 11 日至 2017 年 06 月 10 日
发 证 日 期：2012 - 06 - 11

成都江丰饲料有限公司
许可证编号：饲预（2012）6549
注 册 地 址：四川省成都市成华区龙潭寺北路 98 号
生 产 地 址：四川省成都市成华区龙潭寺北路 98 号
有　效　期：2012 年 04 月 17 日至 2017 年 04 月 16 日
发 证 日 期：2012 - 04 - 17

西昌瑞康隆达饲料有限公司
许可证编号：饲预（2012）6490
注 册 地 址：四川省凉山彝族自治州西昌市太和镇
生 产 地 址：四川省凉山彝族自治州西昌市太和镇
有　效　期：2012 年 01 月 13 日至 2017 年 01 月 12 日
发 证 日 期：2012 - 01 - 13

四川博思沃生物科技有限公司
许可证编号：饲预（2012）6469
注 册 地 址：四川省绵阳市涪城区城郊乡大包梁村
生 产 地 址：四川省绵阳市涪城区城郊乡大包梁村
有　效　期：2012 年 01 月 13 日至 2017 年 01 月 12 日
发 证 日 期：2012 - 01 - 13

成都市全新饲料有限公司
许可证编号：饲预（2012）2507
注 册 地 址：四川省成都市新都区工业区入园路三段
生 产 地 址：四川省成都市新都区工业区入园路三段
有　效　期：2012 年 07 月 09 日至 2017 年 07 月 08 日
发 证 日 期：2012 - 07 - 09

四川锦琨生物科技有限公司
许可证编号：饲预（2012）4906
注 册 地 址：四川省绵阳市游仙区新桥镇工业开发区
生 产 地 址：四川省绵阳市游仙区新桥镇工业开发区
有　效　期：2012 年 04 月 17 日至 2017 年 04 月 16 日
发 证 日 期：2012 - 04 - 17

江油市巨力饲料有限公司
许可证编号：饲预（2012）6758
注 册 地 址：四川省绵阳市江油市解放北路 69 号（原城北村四组）
生 产 地 址：四川省江油市解放北路 69 号
有　效　期：2012 年 09 月 03 日至 2017 年 09 月 02 日
发 证 日 期：2012 - 09 - 03

四川省川龙动科药业有限公司
许可证编号：饲预（2012）6568
注 册 地 址：四川省成都崇州市高新技术工业园区
生 产 地 址：四川省成都崇州市工业集中发展区（唐安东路）
有　效　期：2012 年 04 月 17 日至 2017 年 04 月 16 日
发 证 日 期：2012 - 04 - 17

四川希吉尔畜牧饲料有限公司
许可证编号：饲预（2012）6470
注 册 地 址：四川省遂宁市保升乡保升街 71 号
生 产 地 址：四川省遂宁市保升乡保升街 71 号
有　效　期：2012 年 01 月 13 日至 2017 年 01 月 12 日
发 证 日 期：2012 - 01 - 13

遂宁市民望饲料有限公司
许可证编号：饲预（2012）6468
注 册 地 址：四川省遂宁市桂花镇民营经济集中区
生 产 地 址：四川省遂宁市桂花镇民营经济集中区
有　效　期：2012 年 01 月 13 日至 2017 年 01 月 12 日
发 证 日 期：2012 - 01 - 13

云 南 省

昆明饲宝饲料有限责任公司
许可证编号：饲预（2012）2628
注 册 地 址：云南省昆明市官渡区小板桥镇中闸村七甲一组
生 产 地 址：云南省昆明市官渡区小板桥镇中闸村七甲一组
有 效 期：2012 年 10 月 17 日至 2017 年 10 月 16 日
发 证 日 期：2012 - 10 - 17

昆明三汇饲料有限公司
许可证编号：饲预（2012）2626
注 册 地 址：云南省昆明市官渡区广卫高楼房村
生 产 地 址：云南省昆明市官渡区广卫高楼房村
有 效 期：2012 年 06 月 11 日至 2017 年 06 月 10 日
发 证 日 期：2012 - 06 - 11

昆明昆星饲料添加剂厂
许可证编号：饲预（2012）6579
注 册 地 址：云南省昆明市官渡区双凤村 81 号
生 产 地 址：云南省昆明市官渡区双凤村 81 号
有 效 期：2012 年 04 月 17 日至 2017 年 04 月 16 日
发 证 日 期：2012 - 04 - 17

昆明百福得饲料科技有限公司
许可证编号：饲预（2012）5096
注 册 地 址：云南省呈贡县龙城镇环城西路梅子村口
生 产 地 址：云南省呈贡县龙城镇环城西路梅子村口
有 效 期：2012 年 03 月 07 日至 2017 年 03 月 06 日
发 证 日 期：2012 - 03 - 07

昆明安德利农牧科技有限公司
许可证编号：饲预（2012）5050
注 册 地 址：云南省昆明市官渡区大板桥镇工业园
生 产 地 址：云南省昆明市官渡区大板桥镇工业园
有 效 期：2012 年 01 月 13 日至 2017 年 01 月 12 日
发 证 日 期：2012 - 01 - 13

昆明市程鹏饲料有限责任公司
许可证编号：饲预（2012）4881
注 册 地 址：云南省昆明市小板桥省邮电学校旁
生 产 地 址：云南省昆明市小板桥省邮电学校旁
有 效 期：2012 年 01 月 13 日至 2017 年 01 月 12 日
发 证 日 期：2012 - 01 - 13

昆明市云山广卫饲料有限公司
许可证编号：饲预（2012）6478
注 册 地 址：云南省昆明市官渡区广卫村老昆洛路 1299 号
生 产 地 址：云南省昆明市官渡区广卫村老昆洛路 1299 号
有 效 期：2012 年 01 月 13 日至 2017 年 01 月 12 日
发 证 日 期：2012 - 01 - 13

陕 西 省

陕西华秦农牧科技有限公司
许可证编号：饲预（2012）1373
注 册 地 址：陕西省杨凌示范区邰城路 2 号
生 产 地 址：陕西省杨凌示范区神农路（东段）09 号
有 效 期：2012 年 10 月 17 日至 2017 年 10 月 16 日
发 证 日 期：2012 - 10 - 17

西安禾牧生物科技有限公司
许可证编号：饲预（2012）6802
注 册 地 址：陕西省西安市泾河工业园北区四横路
生 产 地 址：陕西省西安市泾河工业园北区四横路
有 效 期：2012 年 10 月 17 日至 2017 年 10 月 16 日
发 证 日 期：2012 - 10 - 17

西安同丰生物技术有限公司

许可证编号：饲预（2012）6762
注 册 地 址：陕西省西安市未央区三桥镇西围墙工业园区
生 产 地 址：陕西省西安市未央区三桥镇西围墙工业园区
有 效 期：2012 年 09 月 03 日至 2017 年 09 月 02 日
发 证 日 期：2012-09-03

西安鑫诚大唐畜牧有限公司

许可证编号：饲预（2012）5179
注 册 地 址：陕西省西安三桥蔺高工业园金桥路 9 号
生 产 地 址：陕西省西安三桥蔺高工业园金桥路 9 号
有 效 期：2012 年 06 月 11 日至 2017 年 06 月 10 日
发 证 日 期：2012-06-11

陕西美原生物科技有限公司

许可证编号：饲预（2012）6754
注 册 地 址：陕西省咸阳市三原县大程镇美乐街中段
生 产 地 址：陕西省咸阳市三原县大程镇美乐街中段
有 效 期：2012 年 09 月 03 日至 2017 年 09 月 02 日
发 证 日 期：2012-09-03

杨凌佰世康牧业科技有限公司

许可证编号：饲预（2012）6595
注 册 地 址：陕西省杨凌示范区高干渠路东段金土地公司院内
生 产 地 址：陕西省杨凌示范区揉谷镇商业街
有 效 期：2012 年 04 月 17 日至 2017 年 04 月 16 日
发 证 日 期：2012-04-17

陕西大农生物科技有限责任公司

许可证编号：饲预（2012）3168
注 册 地 址：陕西省渭南市高新技术开发区东风路西段
生 产 地 址：陕西省渭南市高新技术开发区东风路西段
有 效 期：2012 年 04 月 17 日至 2017 年 04 月 16 日
发 证 日 期：2012-04-17

西安威可特饲料技术有限公司

许可证编号：饲预（2012）5398
注 册 地 址：陕西省西安市未央区稠酒路 20 号 102 室
生 产 地 址：陕西省西安市未央区稠酒路 20 号
有 效 期：2012 年 04 月 17 日至 2017 年 04 月 16 日
发 证 日 期：2012-04-17

西安绿之源生物技术有限公司

许可证编号：饲预（2012）6678
注 册 地 址：陕西省西安市大明宫遗址区太华北路百花村小区 8 号楼
生 产 地 址：陕西省西安市未央区团结村
有 效 期：2012 年 06 月 11 日至 2017 年 06 月 10 日
发 证 日 期：2012-06-11

杨凌旺德福生物技术有限公司

许可证编号：饲预（2012）3532
注 册 地 址：陕西省杨凌示范区神农路 16 号创业大厦 506 室
生 产 地 址：陕西省杨凌示范区揉谷镇老供销社
有 效 期：2012 年 06 月 11 日至 2017 年 06 月 10 日
发 证 日 期：2012-06-11

杨凌普瑞邦牧业科技有限公司

许可证编号：饲预（2012）5142
注 册 地 址：陕西省杨凌示范区胡家底
生 产 地 址：陕西省杨凌示范区胡家底
有 效 期：2012 年 06 月 11 日至 2017 年 06 月 10 日
发 证 日 期：2012-06-11

西安鸿天生物科技有限责任公司

许可证编号：饲预（2012）3876
注 册 地 址：陕西省西安经济技术开发区豪盛花园 B0901
生 产 地 址：陕西省富平县富耀路塔西 500 米处
有 效 期：2012 年 04 月 17 日至 2017 年 04 月 16 日
发 证 日 期：2012-04-17

西安欧耐德生物技术有限公司

许可证编号：饲预（2012）5234
注 册 地 址：陕西省西安市未央区未央宫街办大刘寨村
生 产 地 址：陕西省西安市未央区未央宫街办大刘寨村
有 效 期：2012 年 04 月 17 日至 2017 年 04 月 16 日
发 证 日 期：2012-04-17

西安乐民反刍动物研究所

许可证编号：饲预（2012）3274
注 册 地 址：陕西省西安市科技四路二号 B1-10304
生 产 地 址：陕西省西安市科技四路二号
有 效 期：2012 年 04 月 17 日至 2017 年 04 月 16 日
发 证 日 期：2012-04-17

西安鼎泉生物技术有限责任公司咸阳泾渭新区分公司

许可证编号：饲预（2012）6557
注 册 地 址：陕西省咸阳市泾阳县永乐镇西马路中段
生 产 地 址：陕西省咸阳市泾阳县永乐镇西马路中段
有 效 期：2012 年 04 月 17 日至 2017 年 04 月 16 日
发 证 日 期：2012-04-17

陕西冠嘉高科生物技术有限公司

许可证编号：饲预（2012）6502
注 册 地 址：陕西省咸阳市三原县食品工业园龙桥大街
生 产 地 址：陕西省咸阳市三原县食品工业园龙桥大街
有 效 期：2012 年 01 月 13 日至 2017 年 01 月 12 日
发 证 日 期：2012-01-13

西安中正牧业有限公司

许可证编号：饲预（2012）6481
注 册 地 址：陕西省西安市高陵县通远镇
生 产 地 址：陕西省西安市高陵县通远镇
有 效 期：2012 年 01 月 13 日至 2017 年 01 月 12 日
发 证 日 期：2012-01-13

榆林市天鹏畜禽有限公司

许可证编号：饲预（2012）4017
注 册 地 址：陕西省榆林市绥德物流园区
生 产 地 址：陕西省榆林市绥德物流园区
有 效 期：2012 年 04 月 17 日至 2017 年 04 月 16 日
发 证 日 期：2012-04-17

西安朗唯生物技术有限公司

许可证编号：饲预（2012）6482
注 册 地 址：陕西省西安市经济技术开发区凤城一路十号
生 产 地 址：陕西省西安市高陵县姬家乡泾吴村六组村南一公里
有 效 期：2012 年 01 月 13 日至 2017 年 01 月 12 日
发 证 日 期：2012-01-13

甘 肃 省

武威新正大饲料有限公司

许可证编号：饲预（2012）6638
注 册 地 址：甘肃省武威市凉州区永昌镇
生 产 地 址：甘肃省武威市凉州区永昌镇
有 效 期：2012 年 06 月 11 日至 2017 年 06 月 10 日
发 证 日 期：2012-06-11

张掖市甘州区金农源生物科技有限公司

许可证编号：饲预（2012）5803
注 册 地 址：甘肃省张掖市甘州区张鹰公路 1 公里处
生 产 地 址：甘肃省张掖市甘州区张鹰公路 1 公里处
有 效 期：2012 年 06 月 11 日至 2017 年 06 月 10 日
发 证 日 期：2012-06-11

甘肃天邦饲料有限公司

许可证编号：饲预（2012）6493
注 册 地 址：甘肃省兰州市高新区大学科技园（张苏滩 575 号）
生 产 地 址：甘肃省张掖市东北郊工业园区北五路
有 效 期：2012 年 01 月 13 日至 2017 年 01 月 12 日
发 证 日 期：2012-01-13

兰州永正饲料有限公司

许可证编号：饲预（2012）6648
注 册 地 址：甘肃省兰州市榆中县来紫堡乡方家泉村
生 产 地 址：甘肃省兰州市榆中县来紫堡乡方家泉村
有 效 期：2012 年 06 月 11 日至 2017 年 06 月 10 日
发 证 日 期：2012-06-11

中国农业科学院中兽医研究所药厂

许可证编号：饲预（2012）6528
注 册 地 址：甘肃省兰州市七里河区硷沟沿 335 号
生 产 地 址：甘肃省兰州市七里河区大洼山
有 效 期：2012 年 03 月 07 日至 2017 年 03 月 06 日
发 证 日 期：2012-03-07

兰州佳农饲料有限公司

许可证编号：饲预（2012）6491
注 册 地 址：甘肃省兰州市西固区福利东路 59 号
生 产 地 址：甘肃省兰州市西固区福利东路 59 号
有 效 期：2012 年 01 月 13 日至 2017 年 01 月 12 日
发 证 日 期：2012-01-13

新疆维吾尔自治区

昌吉市新川饲料科技有限公司

许可证编号：饲预（2012）6818
注 册 地 址：新疆维吾尔自治区昌吉回族自治州昌吉市大西渠镇思源村二组
生 产 地 址：新疆维吾尔自治区昌吉回族自治州昌吉市大西渠镇思源村二组
有 效 期：2012年12月18日至2017年12月17日
发 证 日 期：2012-12-18

新疆骄龙饲料有限责任公司

许可证编号：饲预（2012）5180
注 册 地 址：新疆维吾尔自治区库尔勒市新城区工三团路口75号
生 产 地 址：新疆维吾尔自治区库尔勒市新城区工三团路口75号
有 效 期：2012年07月09日至2017年07月08日
发 证 日 期：2012-07-09

乌鲁木齐高新技术产业开发区方正动物药品厂

许可证编号：饲预（2012）4915
注 册 地 址：新疆维吾尔自治区乌鲁木齐高新区北区
生 产 地 址：新疆维吾尔自治区乌鲁木齐高新区北区工业园东彩路127号
有 效 期：2012年06月11日至2017年06月10日
发 证 日 期：2012-06-11

昌吉州泰昆动物营养开发有限公司

许可证编号：饲预（2012）2784
注 册 地 址：新疆昌吉市宁边东路泰昆大街369号
生 产 地 址：新疆昌吉市宁边东路泰昆大街369号
有 效 期：2012年04月17日至2017年04月16日
发 证 日 期：2012-04-17

新疆永泰光大饲料有限责任公司

许可证编号：饲预（2012）6533
注 册 地 址：新疆维吾尔自治区乌鲁木齐市米东区铁厂沟镇大草滩村
生 产 地 址：新疆维吾尔自治区乌鲁木齐市米东区铁厂沟镇大草滩村
有 效 期：2012年03月07日至2017年03月06日
发 证 日 期：2012-03-07

乌鲁木齐市金蟾兽药有限公司

许可证编号：饲预（2012）4170
注 册 地 址：新疆维吾尔自治区乌鲁木齐市高新区北区1号
生 产 地 址：新疆维吾尔自治区乌鲁木齐市高新技术开发区北区1号
有 效 期：2012年09月03日至2017年09月02日
发 证 日 期：2012-09-03

乌鲁木齐博恩绿色生物科技有限公司

许可证编号：饲预（2012）6748
注 册 地 址：新疆维吾尔自治区乌鲁木齐市温泉东路水磨沟村
生 产 地 址：新疆维吾尔自治区乌鲁木齐市水磨沟区葛家沟东路葛家沟村
有 效 期：2012年09月03日至2017年09月02日
发 证 日 期：2012-09-03

昌吉市疆博饲料有限责任公司

许可证编号：饲预（2012）2852
注 册 地 址：新疆维吾尔自治区昌吉市闽昌工业园（大门往南一公里）
生 产 地 址：新疆维吾尔自治区昌吉市闽昌工业园（大门往南一公里）
有 效 期：2012年06月11日至2017年06月10日
发 证 日 期：2012-06-11

新疆天山预混合饲料厂

许可证编号：饲预（2012）6550
注 册 地 址：新疆维吾尔自治区乌鲁木齐市西山大浦沟
生 产 地 址：新疆维吾尔自治区乌鲁木齐市西山大浦沟
有 效 期：2012年04月17日至2017年04月16日
发 证 日 期：2012-04-17

乌鲁木齐西域绿野生物科技有限公司

许可证编号：饲预（2012）6466
注 册 地 址：新疆维吾尔自治区乌鲁木齐市友好北路529号新疆大学科技园4号楼108室
生 产 地 址：新疆维吾尔自治区乌鲁木齐县小地窝堡2队
有 效 期：2012年01月13日至2017年01月12日
发 证 日 期：2012-01-13

饲料添加剂生产许可证获证企业

北 京 市

北京大北农科技集团股份有限公司

许可证编号：饲添（2012）1063
注 册 地 址：北京市海淀区中关村大街27号中关村大厦14层
生 产 地 址：北京市怀柔区雁栖经济开发区永乐大街1号
有 效 期：2012年09月03日至2017年09月02日
发 证 日 期：2012-09-03
产 品 名 称：酸度调节剂（Ⅱ）：乙酸、丙酸、丙酸钠、丁酸、丁酸钠、乳酸、富马酸、柠檬酸、苹果酸、磷酸；防霉剂（Ⅱ）：山梨酸、富马酸、柠檬酸；微生物（Ⅱ）：枯草芽孢杆菌、酿酒酵母；多糖和寡糖（Ⅱ）：低聚壳聚糖、甘露寡糖

北京中加保罗酵素菌有限公司

许可证编号：饲添（2012）3235
注 册 地 址：北京市通州区张家湾镇里二泗村1号
生 产 地 址：北京市通州区张家湾镇里二泗村1号
有 效 期：2012年10月17日至2017年10月16日
发 证 日 期：2012-10-17
产 品 名 称：微生物（Ⅱ）：枯草芽孢杆菌、植物乳杆菌

北京普仁生态技术有限公司

许可证编号：饲添（2012）3142
注 册 地 址：北京市昌平区科技园区火炬街21号412室
生 产 地 址：北京市昌平区沙河镇松兰堡村东
有 效 期：2012年06月11日至2017年06月10日
发 证 日 期：2012-06-11
产 品 名 称：微生物（Ⅰ）：植物乳杆菌、乳酸片球菌；微生物（Ⅱ）：枯草芽孢杆菌、酿酒酵母

北京创新高农饲料有限公司

许可证编号：饲添（2012）3143
注 册 地 址：北京市平谷区王辛庄镇小辛寨村东街20号
生 产 地 址：北京市通州区漷县镇黄厂铺工业园6-3号
有 效 期：2012年06月11日至2017年06月10日
发 证 日 期：2012-06-11
产 品 名 称：微生物（Ⅱ）：枯草芽孢杆菌；多糖和寡糖（Ⅱ）：低聚木糖

北京中农劲腾生物技术有限公司

许可证编号：饲添（2012）2394
注 册 地 址：北京市昌平区科技园富康路18号
生 产 地 址：北京市昌平区百善镇沙河机场路王庄工业园
有 效 期：2012年04月17日至2017年04月16日
发 证 日 期：2012-04-17
产 品 名 称：微生物（Ⅰ）（Ⅱ）：枯草芽孢杆菌、嗜酸乳杆菌

北京昕地美饲料科技有限公司

许可证编号：饲添（2012）2254
注 册 地 址：北京市海淀区中关村南大街12号天作国际中心8层1号楼908、909
生 产 地 址：北京市大兴区榆垡南各庄中路37号
有 效 期：2012年03月07日至2017年03月06日
发 证 日 期：2012-03-07
产 品 名 称：酶制剂（Ⅱ）：淀粉酶、α-半乳糖苷酶、纤维素酶、β-葡聚糖酶、脂肪酶、甘露聚糖酶、果胶酶、植酸酶、蛋白酶、木聚糖酶；微生物（Ⅱ）：地衣芽孢杆菌、枯草芽孢杆菌、粪肠球菌、酿酒酵母；抗氧化剂（Ⅱ）：乙氧基喹啉；双乙酸钠（Ⅱ）；乳酸（Ⅱ）；柠檬酸（Ⅱ）；调味剂（Ⅱ）：糖精钠；甜菜碱（Ⅱ）、甜菜碱盐酸盐（Ⅱ）

北京昕大洋科技发展有限公司

许可证编号：饲添（2012）0017
注 册 地 址：北京市海淀区中关村南大街12号天作国际中心1号楼8层910、911、912室
生 产 地 址：北京市大兴区榆垡南各庄中路37号
有 效 期：2012年03月07日至2017年03月06日
发 证 日 期：2012-03-07
产 品 名 称：酶制剂（Ⅱ）：淀粉酶、α-半乳糖苷酶、纤维素酶、β-葡聚糖酶、脂肪酶、甘露聚糖酶、果胶酶、植酸酶、蛋白酶、木聚糖酶；调味剂（Ⅱ）：糖精钠；甜菜碱（Ⅱ）、甜菜碱盐酸盐（Ⅱ）

北京加商威圣微生物科技有限公司

许可证编号：饲添（2012）3069
注 册 地 址：北京市平谷区兴谷工业开发区兴谷东路14号
生 产 地 址：北京市平谷区兴谷工业开发区兴谷东路14号
有 效 期：2012年01月13日至2017年01月12日
发 证 日 期：2012-01-13
产 品 名 称：微生物（Ⅱ）：酿酒酵母；调味剂（Ⅱ）：糖精钠

天 津 市

天津必佳生物科技有限公司
许可证编号：饲添（2012）3255
注 册 地 址：天津市西青经济开发区辛口工业园
生 产 地 址：天津市西青经济开发区王稳庄工业园
有　效　期：2012年12月18日至2017年12月17日
发 证 日 期：2012-12-18
产 品 名 称：维生素（Ⅱ）：氯化胆碱

天津市挑战生物技术有限公司
许可证编号：饲添（2012）3198
注 册 地 址：天津市西青区张家窝工业园汇源路16号
生 产 地 址：天津市西青区张家窝工业园汇源路16号
有　效　期：2012年07月09日至2017年07月08日
发 证 日 期：2012-07-09
产 品 名 称：维生素（Ⅱ）：维生素B_{12}；矿物元素（Ⅱ）：碘化钾、碘酸钙、氯化钴、亚硒酸钠；多糖和寡糖（Ⅱ）：果寡糖

天津市育琪生物技术有限公司
许可证编号：饲添（2012）3116
注 册 地 址：天津市华苑产业区梓苑路6号B座605室
生 产 地 址：天津市华苑产业区梓苑路6号（D座1008室；B座605室）
有　效　期：2012年04月17日至2017年04月16日
发 证 日 期：2012-04-17
产 品 名 称：微生物（Ⅰ）：枯草芽孢杆菌

天津美得饲料有限公司
许可证编号：饲添（2012）3067
注 册 地 址：天津市北辰区津榆公路北曙光农场旁
生 产 地 址：天津市北辰区津榆公路北曙光农场旁
有　效　期：2012年01月13日至2017年01月12日
发 证 日 期：2012-01-13
产 品 名 称：调味剂和香料（Ⅱ）：糖精钠、谷氨酸钠、食品用香料

金泰得恒业（天津）生物科技有限公司
许可证编号：饲添（2012）3210
注 册 地 址：天津市武清区京滨工业园京滨大道6号
生 产 地 址：天津市武清区大王古庄镇晋元道南侧
有　效　期：2012年07月09日至2017年07月08日
发 证 日 期：2012-07-09
产 品 名 称：微生物（Ⅰ）：枯草芽孢杆菌、粪肠球菌、屎肠球菌、酿酒酵母；微生物（Ⅱ）：枯草芽孢杆菌、粪肠球菌、屎肠球菌、酿酒酵母、丁酸梭菌

河 北 省

石家庄正大氯化胆碱有限公司
许可证编号：饲添（2012）3262
注 册 地 址：河北省藁城市廉州镇陈家庄
生 产 地 址：河北省藁城市廉州镇陈家庄
有　效　期：2012年12月18日至2017年12月17日
发 证 日 期：2012-12-18
产 品 名 称：维生素（Ⅱ）：氯化胆碱

沧州市华丰兽药有限公司
许可证编号：饲添（2012）3261
注 册 地 址：河北省沧州市石黄高速路北
生 产 地 址：河北省沧州市运西张庄子工业区
有　效　期：2012年12月18日至2017年12月17日
发 证 日 期：2012-12-18
产 品 名 称：维生素（Ⅰ）：氯化胆碱

廊坊东信生物科技有限公司
许可证编号：饲添（2012）3264
注 册 地 址：河北省廊坊市开发区华祥路
生 产 地 址：河北省廊坊市开发区新源东道26号
有　效　期：2012年12月18日至2017年12月17日
发 证 日 期：2012-12-18
产 品 名 称：微生物（Ⅰ）：枯草芽孢杆菌、乳酸片球菌、产朊假丝酵母

河北亚诺化工有限公司

许可证编号：饲添（2012）3252
注册地址：河北省石家庄市开发区阿里山大街19号
生产地址：河北省石家庄市开发区阿里山大街19号
有效期：2012年12月18日至2017年12月17日
发证日期：2012-12-18
产品名称：维生素（Ⅰ）：烟酸、烟酰胺

承德博亚农牧发展有限责任公司

许可证编号：饲添（2012）3244
注册地址：河北省承德市滦平县滦平镇三地沟门村
生产地址：河北省承德市滦平县滦平镇三地沟门村
有效期：2012年10月17日至2017年10月16日
发证日期：2012-10-17
产品名称：微生物（Ⅰ）：屎肠球菌；微生物（Ⅱ）：枯草芽孢杆菌、屎肠球菌、酿酒酵母

沧州市益宏动物保健品有限公司

许可证编号：饲添（2012）2227
注册地址：河北省沧州市高新技术产业开发区
生产地址：河北省沧州市高新技术产业开发区
有效期：2012年09月03日至2017年09月02日
发证日期：2012-09-03
产品名称：维生素（Ⅱ）：维生素B_1、维生素B_2、维生素B_{12}、维生素C、维生素K_3；微生物（Ⅱ）：枯草芽孢杆菌、植物乳杆菌、产朊假丝酵母、沼泽红假单胞菌；大蒜素（Ⅱ）

沧州海通生物饲料有限公司

许可证编号：饲添（2012）3222
注册地址：河北省沧州市海兴县辛立村
生产地址：河北省沧州市海兴县辛立村东（辛黄公路东）
有效期：2012年09月03日至2017年09月02日
发证日期：2012-09-03
产品名称：大豆磷脂（Ⅱ）

华北制药威可达有限公司

许可证编号：饲添（2012）1161
注册地址：河北省石家庄市翟营北大街9号
生产地址：河北省石家庄市翟营北大街9号
有效期：2012年09月03日至2017年09月02日
发证日期：2012-09-03
产品名称：维生素（Ⅰ）（Ⅱ）：维生素B_{12}

固安桑普生化技术有限公司

许可证编号：饲添（2012）1230
注册地址：河北省廊坊市固安县渠沟村南
生产地址：河北省廊坊市固安县渠沟村南
有效期：2012年07月09日至2017年07月08日
发证日期：2012-07-09
产品名称：维生素（Ⅰ）（Ⅱ）：L-抗坏血酸-2-磷酸酯；维生素（Ⅱ）：L-肉碱盐酸盐；丙酸（Ⅱ）；大蒜素（Ⅰ）

石家庄市麦尔维牧业有限公司

许可证编号：饲添（2012）3190
注册地址：河北省石家庄市北外环
生产地址：河北省石家庄市北外环
有效期：2012年07月09日至2017年07月08日
发证日期：2012-07-09
产品名称：维生素（Ⅱ）：维生素E；矿物元素（Ⅱ）：氧化镁

沧州市百分百生物科技有限公司

许可证编号：饲添（2012）1499
注册地址：河北省沧州市沧东工业园
生产地址：河北省沧州市沧东工业园
有效期：2012年07月09日至2017年07月08日
发证日期：2012-07-09
产品名称：大蒜素（Ⅱ）

沧州市中信生物科技有限公司

许可证编号：饲添（2012）2228
注册地址：河北省沧县姚官屯工业区
生产地址：河北省沧县姚官屯工业区
有效期：2012年07月09日至2017年07月08日
发证日期：2012-07-09
产品名称：酶制剂（Ⅰ）（Ⅱ）：淀粉酶（产自解淀粉芽孢杆菌）、纤维素酶（产自长柄木霉）、植酸酶（产自黑曲霉）、蛋白酶（产自枯草芽孢杆菌）；微生物（Ⅰ）（Ⅱ）：枯草芽孢杆菌、植物乳杆菌、产朊假丝酵母、沼泽红假单胞菌；大蒜素（Ⅱ）

沧州市大地草业中心

许可证编号：饲添（2012）0160
注册地址：河北省沧州市东外环中路
生产地址：河北省沧州市东外环中路
有效期：2012年07月09日至2017年07月08日
发证日期：2012-07-09
产品名称：微生物（Ⅱ）：枯草芽孢杆菌、植物乳杆菌、产朊假丝酵母；大蒜素（Ⅱ）

石家庄乾丰生物科技有限公司

许可证编号：饲添（2012）3204
注册地址：河北省石家庄市晋州市孙家庄北

生产地址：河北省石家庄市晋州市孙家庄北
有效期：2012年07月09日至2017年07月08日
发证日期：2012-07-09
产品名称：微生物（Ⅰ）：沼泽红假单胞菌

河北华神药业科技有限公司

许可证编号：饲添（2012）0216
注册地址：河北省黄骅市滕庄工业园区
生产地址：河北省黄骅市滕庄工业园区
有效期：2012年06月11日至2017年06月10日
发证日期：2012-06-11
产品名称：酶制剂（Ⅱ）：淀粉酶、纤维素酶、植酸酶、蛋白酶；微生物（Ⅱ）：枯草芽孢杆菌、植物乳杆菌、产朊假丝酵母、沼泽红假单胞菌

石家庄北科盛安生物科技有限责任公司

许可证编号：饲添（2012）3166
注册地址：河北省石家庄国家高新技术产业开发区天桂街65号
生产地址：河北省石家庄国家高新技术产业开发区天桂街65号
有效期：2012年06月11日至2017年06月10日
发证日期：2012-06-11
产品名称：微生物（Ⅰ）（Ⅱ）：枯草芽孢杆菌、嗜酸乳杆菌、产朊假丝酵母、沼泽红假单胞菌

衡水鑫明科技有限公司

许可证编号：饲添（2012）3162
注册地址：河北省武邑县新区
生产地址：河北省武邑县新区
有效期：2012年06月11日至2017年06月10日
发证日期：2012-06-11
产品名称：微生物（Ⅰ）（Ⅱ）：嗜酸乳杆菌、植物乳杆菌、酿酒酵母

河北远大动物药业有限公司

许可证编号：饲添（2012）3161
注册地址：河北省新乐市承安镇
生产地址：河北省新乐市承安镇
有效期：2012年06月11日至2017年06月10日
发证日期：2012-06-11
产品名称：矿物元素（Ⅰ）：硫酸亚铁、硫酸铜、硫酸锌、硫酸锰；矿物元素（Ⅱ）：氯化钴、碘化钾、碘酸钙、亚硒酸钠

新乐亨通锌业有限公司

许可证编号：饲添（2012）0987
注册地址：河北省新乐市承安镇北坦
生产地址：河北省新乐市承安镇北坦
有效期：2012年06月11日至2017年06月10日
发证日期：2012-06-11
产品名称：矿物元素（Ⅰ）：硫酸锌

河北维尔康制药有限公司

许可证编号：饲添（2012）1071
注册地址：河北省石家庄市翟营北大街11号
生产地址：河北省石家庄市翟营北大街11号
有效期：2012年06月11日至2017年06月10日
发证日期：2012-06-11
产品名称：维生素（Ⅰ）：维生素C、L-抗坏血酸钙、L-抗坏血酸钠、L-抗坏血酸-2-磷酸酯；维生素（Ⅱ）：维生素C

邯郸市中进天然色素有限公司

许可证编号：饲添（2012）2189
注册地址：河北省邯郸市开发区东区创业路西首路北
生产地址：河北省邯郸市开发区东区创业路西首路北
有效期：2012年09月03日至2017年09月02日
发证日期：2012-09-03
产品名称：着色剂（Ⅰ）：辣椒红、天然叶黄素；着色剂（Ⅱ）：天然叶黄素

奥玛（唐山）生物工程有限公司

许可证编号：饲添（2012）3106
注册地址：河北省迁安市丰安大路东侧
生产地址：河北省迁安市丰安大路东侧
有效期：2012年03月07日至2017年03月06日
发证日期：2012-03-07
产品名称：微生物（Ⅰ）（Ⅱ）：枯草芽孢杆菌、粪肠球菌、嗜酸乳杆菌、植物乳杆菌、产朊假丝酵母、酿酒酵母

临城县亨达利饲料有限责任公司

许可证编号：饲添（2012）3104
注册地址：河北省临城县西竖镇东竖村西
生产地址：河北省临城县西竖镇东竖村西
有效期：2012年03月07日至2017年03月06日
发证日期：2012-03-07
产品名称：维生素（Ⅰ）：肌醇

河北新协和化工有限公司

许可证编号：饲添（2012）3079
注册地址：河北省隆尧县县城工业园区北区
生产地址：河北省隆尧县县城工业园区北区
有效期：2012年01月13日至2017年01月12日
发证日期：2012-01-13

产 品 名 称：维生素（Ⅰ）：烟酸

泊头市冀利牧业科技有限公司

许可证编号：饲添（2012）3070
注 册 地 址：河北省泊头市交河镇封屯西
生 产 地 址：河北省泊头市交河镇封屯西
有　效　期：2012 年 01 月 13 日至 2017 年 01 月 12 日
发 证 日 期：2012-01-13
产 品 名 称：维生素（Ⅰ）：氯化胆碱

黄骅市渤海兽药有限公司

许可证编号：饲添（2012）0214
注 册 地 址：河北省黄骅市城西滕庄工业区
生 产 地 址：河北省黄骅市城西滕庄工业区
有　效　期：2012 年 07 月 09 日至 2017 年 07 月 08 日
发 证 日 期：2012-07-09
产 品 名 称：维生素（Ⅱ）：维生素 B_1、维生素 B_2、维生素 C；微生物（Ⅰ）：枯草芽孢杆菌、粪肠球菌、嗜酸乳杆菌、产朊假丝酵母；大蒜素（Ⅱ）

山　西　省

偏关县穗宝乳酸有限公司

许可证编号：饲添（2012）3195
注 册 地 址：山西省偏关县黄牛沟工业区
生 产 地 址：山西省偏关县黄牛沟工业区
有　效　期：2012 年 07 月 09 日至 2017 年 07 月 08 日
发 证 日 期：2012-07-09
产 品 名 称：矿物元素（Ⅰ）：乳酸钙

太原市威尔潞威动物保健品有限公司

许可证编号：饲添（2012）3196
注 册 地 址：山西省太原市晋源区化工路 21 号 K 区
生 产 地 址：山西省太原市晋源区化工路 21 号 K 区
有　效　期：2012 年 07 月 09 日至 2017 年 07 月 08 日
发 证 日 期：2012-07-09
产 品 名 称：微生物（Ⅰ）（Ⅱ）：嗜酸乳杆菌、粪肠球菌；酸度调节剂（Ⅱ）：柠檬酸、乳酸、富马酸、苹果酸

内蒙古自治区

内蒙古金达威药业有限公司

许可证编号：饲添（2012）3227
注 册 地 址：内蒙古自治区呼和浩特市托克托县托电工业园
生 产 地 址：内蒙古自治区呼和浩特市托克托县托电工业园
有　效　期：2012 年 10 月 17 日至 2017 年 10 月 16 日
发 证 日 期：2012-10-17
产 品 名 称：二十二碳六烯酸（DHA）（Ⅰ）

呼伦贝尔东北阜丰生物科技有限公司

许可证编号：饲添（2012）3085
注 册 地 址：内蒙古自治区呼伦贝尔岭东工业开发区（扎兰屯）开创大街
生 产 地 址：内蒙古自治区呼伦贝尔岭东工业开发区（扎兰屯）开创大街
有　效　期：2012 年 03 月 07 日至 2017 年 03 月 06 日
发 证 日 期：2012-03-07
产 品 名 称：氨基酸（Ⅰ）：L-苏氨酸

赤峰制药股份有限公司

许可证编号：饲添（2012）2287
注 册 地 址：内蒙古自治区赤峰市红山区一东街 84 号
生 产 地 址：内蒙古自治区赤峰市红山区一东街 84 号
有　效　期：2012 年 07 月 09 日至 2017 年 07 月 08 日
发 证 日 期：2012-07-09
产 品 名 称：维生素（Ⅰ）（Ⅱ）：维生素 B_2；维生素（Ⅱ）：D-生物素

赤峰瑞阳化工有限公司

许可证编号：饲添（2012）3087
注 册 地 址：内蒙古自治区赤峰市元宝山区平庄工业项目区
生 产 地 址：内蒙古自治区赤峰市元宝山区平庄工业项目区
有　效　期：2012 年 03 月 07 日至 2017 年 03 月 06 日
发 证 日 期：2012-03-07
产 品 名 称：甲酸钙（Ⅰ）

宁城县施达化肥有限责任公司
许可证编号：饲添（2012）3068
注 册 地 址：内蒙古自治区宁城县天义镇塞飞亚路南段西侧
生 产 地 址：内蒙古自治区宁城县天义镇塞飞亚路南段西侧
有　效　期：2012 年 01 月 13 日至 2017 年 01 月 12 日
发 证 日 期：2012-01-13
产 品 名 称：矿物元素（Ⅰ）：磷酸氢钙

辽 宁 省

辽宁科硕营养科技有限公司
许可证编号：饲添（2012）3251
注 册 地 址：辽宁省本溪市经济开发区香槐路 100 号
生 产 地 址：辽宁省本溪市经济开发区香槐路 100 号
有　效　期：2012 年 12 月 18 日至 2017 年 12 月 17 日
发 证 日 期：2012-12-18
产 品 名 称：维生素（Ⅰ）：L-肉碱、L-肉碱盐酸盐；维生素（Ⅱ）：L-肉碱

营口格瑞矿产有限公司
许可证编号：饲添（2012）3250
注 册 地 址：辽宁省营口市老边区柳树镇前岗村
生 产 地 址：辽宁省营口市老边区柳树镇前岗村
有　效　期：2012 年 12 月 18 日至 2017 年 12 月 17 日
发 证 日 期：2012-12-18
产 品 名 称：矿物元素（Ⅰ）：硫酸镁、氧化镁

中纺粮油（沈阳）有限公司
许可证编号：饲添（2012）3207
注 册 地 址：辽宁省沈阳市虎石台经济技术开发区小桥子工业园
生 产 地 址：辽宁省沈阳市虎石台经济技术开发区小桥子工业园
有　效　期：2012 年 07 月 09 日至 2017 年 07 月 08 日
发 证 日 期：2012-07-09
产 品 名 称：大豆磷脂（Ⅰ）

大石桥市长虹耐火材料有限公司
许可证编号：饲添（2012）3197
注 册 地 址：辽宁省营口市大石桥市金桥镇金屯村
生 产 地 址：辽宁省营口市大石桥市金桥镇金屯村
有　效　期：2012 年 07 月 09 日至 2017 年 07 月 08 日
发 证 日 期：2012-07-09
产 品 名 称：矿物元素（Ⅰ）：硫酸镁

大连住化金港化工有限公司
许可证编号：饲添（2012）3193
注 册 地 址：辽宁省大连市经济技术开发区港兴大街 112 号
生 产 地 址：辽宁省大连市经济技术开发区港兴大街 112 号
有　效　期：2012 年 07 月 09 日至 2017 年 07 月 08 日
发 证 日 期：2012-07-09
产 品 名 称：氨基酸（Ⅰ）：蛋氨酸羟基类似物

沈阳市碧海水产生物制剂厂
许可证编号：饲添（2012）3133
注 册 地 址：辽宁省沈阳市新民前当堡镇后当堡村
生 产 地 址：辽宁省沈阳市新民前当堡镇后当堡村
有　效　期：2012 年 04 月 17 日至 2017 年 04 月 16 日
发 证 日 期：2012-04-17
产 品 名 称：酶制剂（Ⅱ）：甘露聚糖酶；微生物（Ⅱ）：枯草芽孢杆菌、植物乳杆菌、酿酒酵母

辽宁神农生物工程有限公司
许可证编号：饲添（2012）3117
注 册 地 址：辽宁省本溪市桓仁满族自治县木盂子管委会木盂子村
生 产 地 址：辽宁省桓仁满族自治县木盂子管委会木盂子村
有　效　期：2012 年 04 月 17 日至 2017 年 04 月 16 日
发 证 日 期：2012-04-17
产 品 名 称：微生物（Ⅰ）（Ⅱ）：枯草芽孢杆菌、植物乳杆菌、产朊假丝酵母、酿酒酵母、沼泽红假单胞菌

沈阳金科丰牧业科技有限公司
许可证编号：饲添（2012）2168
注 册 地 址：辽宁省沈阳市沈河区金家街 39 号
生 产 地 址：辽宁省沈阳市沈河区金家街 39 号
有　效　期：2012 年 04 月 17 日至 2017 年 04 月 16 日
发 证 日 期：2012-04-17
产 品 名 称：维生素（Ⅱ）：维生素 A、维生素 B_1、维生素 B_2、维生素 B_6、维生素 C、维生素 D_3、维生素 E；矿物元素（Ⅱ）：吡啶甲酸铬；酶制剂（Ⅱ）：淀粉酶、纤维素酶、蛋白酶、木聚糖酶；微生物（Ⅱ）：枯草芽孢杆菌、嗜酸乳杆菌、植物乳杆菌、产朊假丝酵母、酿酒酵母、保加利亚乳杆菌

大连中科格莱克生物科技有限公司
许可证编号：饲添（2012）3144
注 册 地 址：辽宁省大连市沙河口区中山路682号
生 产 地 址：辽宁省大连市甘井子区夏家河子村
有 效 期：2012年06月11日至2017年06月10日
发 证 日 期：2012-06-11
产 品 名 称：壳寡糖（Ⅰ）（Ⅱ）；果寡糖（Ⅱ）

希杰（沈阳）生物科技有限公司
许可证编号：饲添（2012）3135
注 册 地 址：辽宁省沈阳市沈北新区沈北路157号
生 产 地 址：辽宁省沈阳市沈北新区沈北路157号
有 效 期：2012年06月11日至2017年06月10日
发 证 日 期：2012-06-11
产 品 名 称：氨基酸（Ⅰ）：L-赖氨酸盐酸盐、L-苏氨酸

九三集团铁岭大豆科技有限公司
许可证编号：饲添（2012）3119
注 册 地 址：辽宁省铁岭市铁岭县新台子镇八里庄村
生 产 地 址：辽宁省铁岭市铁岭县新台子镇八里庄村
有 效 期：2012年04月17日至2017年04月16日
发 证 日 期：2012-04-17
产 品 名 称：大豆磷脂（Ⅰ）

营口丰达硼镁制品有限公司
许可证编号：饲添（2012）3134
注 册 地 址：辽宁省营口市老边区柳树镇东柳村
生 产 地 址：辽宁省营口市老边区柳树镇东柳村
有 效 期：2012年06月11日至2017年06月10日
发 证 日 期：2012-06-11
产 品 名 称：矿物元素（Ⅰ）：硫酸镁、氧化镁

沈阳博善英胜生物技术有限公司
许可证编号：饲添（2012）1985
注 册 地 址：辽宁省沈阳市沈北新区佳阳路20-1号
生 产 地 址：辽宁省沈阳市沈北新区佳阳路20-1号
有 效 期：2012年01月13日至2017年01月12日
发 证 日 期：2012-01-13
产 品 名 称：微生物（Ⅰ）（Ⅱ）：枯草芽孢杆菌、酿酒酵母

沈阳科瑞思科技有限公司
许可证编号：饲添（2012）2944
注 册 地 址：辽宁省沈阳市于洪区平罗街道白辛台村
生 产 地 址：辽宁省沈阳市于洪区平罗街道白辛台村
有 效 期：2012年07月09日至2017年07月08日
发 证 日 期：2012-07-09
产 品 名 称：微生物（Ⅱ）：枯草芽孢杆菌、嗜酸乳杆菌、产朊假丝酵母；防腐剂（Ⅱ）：山梨酸钾、丙酸钙、柠檬酸

吉 林 省

吉林省泰新生物技术有限公司
许可证编号：饲添（2012）3076
注 册 地 址：吉林省长春市兰家经济开发区
生 产 地 址：吉林省长春市兰家经济开发区
有 效 期：2012年01月13日至2017年01月12日
发 证 日 期：2012-01-13
产 品 名 称：微生物（Ⅰ）（Ⅱ）：枯草芽孢杆菌、乳酸片球菌、酿酒酵母

黑龙江省

哈尔滨德邦鼎立生物科技有限公司
许可证编号：饲添（2012）1057
注 册 地 址：黑龙江省哈尔滨市香坊区成高子镇和平村成环路19号
生 产 地 址：黑龙江省哈尔滨市香坊区成高子镇和平村成环路19号
有 效 期：2012年12月18日至2017年12月17日
发 证 日 期：2012-12-18
产 品 名 称：矿物元素及其络（螯）合物（Ⅰ）：蛋氨酸铜螯合物、蛋氨酸铁螯合物、蛋氨酸锰螯合物、蛋氨酸锌螯合物、甘氨酸铁螯合物、甘氨酸铜螯合物、吡啶甲酸铬、稀土（铈和镧）；壳糖胺螯

合盐；碱式氯化铜（Ⅰ）；碱式氯化锌（Ⅰ）

哈尔滨春宇生物科技有限公司

许可证编号：饲添（2012）3259
注 册 地 址：黑龙江省哈尔滨市依兰县食品工业园区
生 产 地 址：黑龙江省哈尔滨市依兰县健康街东段
有 效 期：2012年12月18日至2017年12月17日
发 证 日 期：2012-12-18
产 品 名 称：着色剂（Ⅰ）：辣椒红、天然叶黄素

黑龙江奥伯锋生物科技有限公司

许可证编号：饲添（2012）3258
注 册 地 址：黑龙江省绥化市青冈县经济开发区畜牧产业加工园区
生 产 地 址：黑龙江省绥化市青冈县经济开发区畜牧产业加工园区
有 效 期：2012年12月18日至2017年12月17日
发 证 日 期：2012-12-18
产 品 名 称：着色剂（Ⅰ）：天然叶黄素

安达市维安泰生物制品有限责任公司

许可证编号：饲添（2012）3243
注 册 地 址：黑龙江省绥化市安达市经济技术开发区
生 产 地 址：黑龙江省绥化市安达市经济技术开发区
有 效 期：2012年10月17日至2017年10月16日
发 证 日 期：2012-10-17
产 品 名 称：酶制剂（Ⅱ）：蛋白酶；微生物（Ⅱ）：嗜酸乳杆菌

哈尔滨健康牧业有限公司

许可证编号：饲添（2012）3242
注 册 地 址：黑龙江省哈尔滨市巴彦县兴隆商贸街
生 产 地 址：黑龙江省哈尔滨市巴彦县兴隆工业园区
有 效 期：2012年10月17日至2017年10月16日
发 证 日 期：2012-10-17
产 品 名 称：微生物（Ⅱ）：枯草芽孢杆菌、嗜酸乳杆菌、产朊假丝酵母

黑龙江花亭生物技术有限公司

许可证编号：饲添（2012）2634
注 册 地 址：黑龙江省齐齐哈尔市甘南县兴十四村
生 产 地 址：黑龙江省齐齐哈尔市甘南县兴十四镇
有 效 期：2012年09月03日至2017年09月02日
发 证 日 期：2012-09-03
产 品 名 称：酶制剂（Ⅰ）：α-半乳糖苷酶（产自黑曲霉）、纤维素酶（产自长柄木霉）、β-葡聚糖酶（产自黑曲霉）、葡萄糖氧化酶（产自特异青霉）、甘露聚糖酶（产自迟缓芽孢杆菌）、植酸酶（产自黑曲霉）、木聚糖酶（产自米曲霉）

哈尔滨华农曙光饲料有限公司

许可证编号：饲添（2012）2499
注 册 地 址：黑龙江省哈尔滨市香坊区靠河路1号
生 产 地 址：黑龙江省哈尔滨市香坊区靠河路1号
有 效 期：2012年09月03日至2017年09月02日
发 证 日 期：2012-09-03
产 品 名 称：微生物（Ⅱ）：枯草芽孢杆菌、嗜酸乳杆菌、产朊假丝酵母

哈尔滨宝德生物技术开发有限公司

许可证编号：饲添（2012）3234
注 册 地 址：黑龙江省哈尔滨市木兰县现代农业园区
生 产 地 址：黑龙江省哈尔滨市木兰县现代农业园区
有 效 期：2012年10月17日至2017年10月16日
发 证 日 期：2012-10-17
产 品 名 称：微生物（Ⅱ）：枯草芽孢杆菌、嗜酸乳杆菌、产朊假丝酵母；着色剂（Ⅰ）：辣椒红、天然叶黄素着色剂（Ⅱ）：虾青素

哈尔滨博善联合生物饲料有限公司

许可证编号：饲添（2012）3221
注 册 地 址：黑龙江省哈尔滨市高新技术产业开发区高科技创业中心南岗19＃楼红旗大街178号213室
生 产 地 址：黑龙江省哈尔滨市宾县宾州镇乐能大道9号
有 效 期：2012年09月03日至2017年09月02日
发 证 日 期：2012-09-03
产 品 名 称：微生物（Ⅱ）：枯草芽孢杆菌、酿酒酵母

哈尔滨百加生物科技有限公司

许可证编号：饲添（2012）2520
注 册 地 址：黑龙江省哈尔滨市呼兰区双井街道护路村
生 产 地 址：黑龙江省哈尔滨市呼兰区双井街道护路村
有 效 期：2012年09月03日至2017年09月02日
发 证 日 期：2012-09-03
产 品 名 称：微生物（Ⅱ）：枯草芽孢杆菌、嗜酸乳杆菌、产朊假丝酵母

哈尔滨英瑞斯饲料有限责任公司

许可证编号：饲添（2012）3220
注 册 地 址：黑龙江省哈尔滨市道里区新发镇向东村机场路14公里
生 产 地 址：黑龙江省哈尔滨市道里区新发镇向东村机场路14公里
有 效 期：2012年09月03日至2017年09月02日
发 证 日 期：2012-09-03
产 品 名 称：酶制剂（Ⅱ）：淀粉酶、纤维素酶、β-葡聚糖

酶、甘露聚糖酶、果胶酶、蛋白酶、木聚糖酶；微生物（Ⅱ）：枯草芽孢杆菌、嗜酸乳杆菌、产朊假丝酵母

哈尔滨市安佑饲料有限公司

许可证编号：饲添（2012）2180
注 册 地 址：黑龙江省哈尔滨市道里区新发镇长岭湖渔业开发区
生 产 地 址：黑龙江省哈尔滨市道里区新发镇长岭湖渔业开发区
有 效 期：2012 年 06 月 11 日至 2017 年 06 月 10 日
发 证 日 期：2012 - 06 - 11
产 品 名 称：维生素（Ⅱ）：维生素 C、维生素 E

哈尔滨市农博饲料添加剂厂

许可证编号：饲添（2012）3208
注 册 地 址：黑龙江省哈尔滨市香坊区幸福镇北柞村红星路 230 - 1 号
生 产 地 址：黑龙江省哈尔滨市香坊区幸福镇北柞村红星路 230 - 1 号
有 效 期：2012 年 07 月 09 日至 2017 年 07 月 08 日
发 证 日 期：2012 - 07 - 09
产 品 名 称：矿物元素（Ⅱ）：碘化钾、氯化钴、亚硒酸钠

哈尔滨兽研利思达生物制药厂

许可证编号：饲添（2012）1075
注 册 地 址：黑龙江省哈尔滨市南岗区王岗镇双红路 88 号
生 产 地 址：黑龙江省哈尔滨市南岗区王岗镇双红路 88 号
有 效 期：2012 年 07 月 09 日至 2017 年 07 月 08 日
发 证 日 期：2012 - 07 - 09
产 品 名 称：维生素（Ⅱ）：维生素 A、维生素 B_1、维生素 B_2、维生素 B_6、维生素 C、维生素 D_3、维生素 E、维生素 K_3；微生物（Ⅱ）：枯草芽孢杆菌、嗜酸乳杆菌、产朊假丝酵母

哈尔滨市宏晟圆饲料添加剂厂

许可证编号：饲添（2012）2423
注 册 地 址：黑龙江省哈尔滨市香坊区香福路 109 - 6 号
生 产 地 址：黑龙江省哈尔滨市香坊区香福路 109 - 6 号
有 效 期：2012 年 07 月 09 日至 2017 年 07 月 08 日
发 证 日 期：2012 - 07 - 09
产 品 名 称：微生物（Ⅱ）：枯草芽孢杆菌、嗜酸乳杆菌、产朊假丝酵母

大庆市华茂饲料有限公司

许可证编号：饲添（2012）3202
注 册 地 址：黑龙江省大庆市杜尔伯特蒙古族自治县德力戈尔工业园区
生 产 地 址：黑龙江省大庆市杜尔伯特蒙古族自治县德力戈尔工业园区
有 效 期：2012 年 07 月 09 日至 2017 年 07 月 08 日
发 证 日 期：2012 - 07 - 09
产 品 名 称：微生物（Ⅱ）：枯草芽孢杆菌、嗜酸乳杆菌、产朊假丝酵母

黑龙江天予生物科技有限责任公司

许可证编号：饲添（2012）3203
注 册 地 址：黑龙江省哈尔滨市阿城区舍利工业开发区民祥路
生 产 地 址：黑龙江省哈尔滨市阿城区舍利工业开发区民祥路
有 效 期：2012 年 07 月 09 日至 2017 年 07 月 08 日
发 证 日 期：2012 - 07 - 09
产 品 名 称：微生物（Ⅱ）：枯草芽孢杆菌、嗜酸乳杆菌、产朊假丝酵母

青冈立达尔生物科技有限公司

许可证编号：饲添（2012）3188
注 册 地 址：黑龙江省绥化市青冈县物流工贸园
生 产 地 址：黑龙江省绥化市青冈县物流工贸园
有 效 期：2012 年 07 月 09 日至 2017 年 07 月 08 日
发 证 日 期：2012 - 07 - 09
产 品 名 称：着色剂（Ⅰ）：辣椒红、天然叶黄素

黑龙江惠丰牧业有限公司

许可证编号：饲添（2012）3180
注 册 地 址：黑龙江省七台河市桃山区兴岗街
生 产 地 址：黑龙江省七台河市桃山区兴岗街
有 效 期：2012 年 07 月 09 日至 2017 年 07 月 08 日
发 证 日 期：2012 - 07 - 09
产 品 名 称：微生物（Ⅱ）：枯草芽孢杆菌、嗜酸乳杆菌、产朊假丝酵母

哈尔滨信宇动物药品厂

许可证编号：饲添（2012）3189
注 册 地 址：黑龙江省哈尔滨市利民开发区珠海路北侧
生 产 地 址：黑龙江省哈尔滨市利民开发区珠海路北侧
有 效 期：2012 年 07 月 09 日至 2017 年 07 月 08 日
发 证 日 期：2012 - 07 - 09
产 品 名 称：维生素（Ⅱ）：维生素 B_1、维生素 B_2、维生素 C、维生素 E、维生素 K_3

哈尔滨龙益成牧业有限公司

许可证编号：饲添（2012）3170
注 册 地 址：黑龙江省哈尔滨市道里区机场路 7 公里
生 产 地 址：黑龙江省哈尔滨市道里区机场路 7 公里
有 效 期：2012 年 06 月 11 日至 2017 年 06 月 10 日
发 证 日 期：2012 - 06 - 11

产 品 名 称：微生物（Ⅱ）：枯草芽孢杆菌、嗜酸乳杆菌、产朊假丝酵母

黑龙江成福食品集团有限公司

许可证编号：饲添（2012）2375
注 册 地 址：黑龙江省肇东市经济开发区 88 号
生 产 地 址：黑龙江省绥化市肇东市经济开发区 88 号（西区）
有 效 期：2012 年 06 月 11 日至 2017 年 06 月 10 日
发 证 日 期：2012 - 06 - 11
产 品 名 称：氨基酸（Ⅰ）：L-赖氨酸盐酸盐、L-赖氨酸硫酸盐、L-苏氨酸

哈尔滨福莱德动物保健品有限公司

许可证编号：饲添（2012）2472
注 册 地 址：黑龙江省哈尔滨市香坊区香东街 17 - 14 号
生 产 地 址：黑龙江省哈尔滨市香坊区香东街 17 - 14 号
有 效 期：2012 年 06 月 11 日至 2017 年 06 月 10 日
发 证 日 期：2012 - 06 - 11
产 品 名 称：维生素（Ⅱ）：维生素 B_1、维生素 B_2、维生素 C、维生素 E；微生物（Ⅱ）：枯草芽孢杆菌、嗜酸乳杆菌、产朊假丝酵母

哈尔滨金福来科技开发有限公司

许可证编号：饲添（2012）2352
注 册 地 址：黑龙江省哈尔滨市道里区上海街 6 号 A 栋 8 层 8 号
生 产 地 址：黑龙江省哈尔滨市香坊区安通街九道街 10 号
有 效 期：2012 年 06 月 11 日至 2017 年 06 月 10 日
发 证 日 期：2012 - 06 - 11
产 品 名 称：矿物元素及其络（螯）合物（Ⅰ）：蛋氨酸锌络（螯）合物、甘氨酸铁络合物；双乙酸钠（Ⅰ）；乙酰氧肟酸（Ⅰ）

黑龙江省嘉宝生物技术开发有限公司

许可证编号：饲添（2012）2274
注 册 地 址：黑龙江省哈尔滨市松北区龙兴路 2298 号
生 产 地 址：黑龙江省哈尔滨市松北区龙兴路 2298 号
有 效 期：2012 年 06 月 11 日至 2017 年 06 月 10 日
发 证 日 期：2012 - 06 - 11
产 品 名 称：着色剂（Ⅰ）：辣椒红、天然叶黄素；着色剂（Ⅱ）：虾青素

哈尔滨市香坊区恩萌饲料厂

许可证编号：饲添（2012）3181
注 册 地 址：黑龙江省哈尔滨市香坊区黎明乡红星村
生 产 地 址：黑龙江省哈尔滨市香坊区黎明乡红星村
有 效 期：2012 年 07 月 09 日至 2017 年 07 月 08 日
发 证 日 期：2012 - 07 - 09
产 品 名 称：微生物（Ⅱ）：枯草芽孢杆菌、嗜酸乳杆菌、产朊假丝酵母、酿酒酵母

哈尔滨天丰动物保健品有限公司

许可证编号：饲添（2012）0068
注 册 地 址：黑龙江省哈尔滨市道外区义兴泉
生 产 地 址：黑龙江省哈尔滨市道外区义兴泉
有 效 期：2012 年 06 月 11 日至 2017 年 06 月 10 日
发 证 日 期：2012 - 06 - 11
产 品 名 称：微生物（Ⅰ）：枯草芽孢杆菌、嗜酸乳杆菌、产朊假丝酵母、酿酒酵母

哈尔滨弗曼德生物科技有限公司

许可证编号：饲添（2012）3167
注 册 地 址：黑龙江省哈尔滨市道里区新发镇第三畜牧场
生 产 地 址：黑龙江省哈尔滨市道里区新发镇第三畜牧场
有 效 期：2012 年 06 月 11 日至 2017 年 06 月 10 日
发 证 日 期：2012 - 06 - 11
产 品 名 称：酶制剂（Ⅱ）：淀粉酶、纤维素酶、β-葡聚糖酶、甘露聚糖酶、果胶酶、蛋白酶、木聚糖酶；微生物（Ⅱ）：枯草芽孢杆菌、嗜酸乳杆菌、产朊假丝酵母

哈尔滨众利饲料有限公司

许可证编号：饲添（2012）3169
注 册 地 址：黑龙江省哈尔滨市道里区机场路 10 公里
生 产 地 址：黑龙江省哈尔滨市道里区机场路 10 公里
有 效 期：2012 年 06 月 11 日至 2017 年 06 月 10 日
发 证 日 期：2012 - 06 - 11
产 品 名 称：微生物（Ⅱ）：枯草芽孢杆菌、嗜酸乳杆菌、产朊假丝酵母

哈尔滨千合动物药品制造有限公司

许可证编号：饲添（2012）1994
注 册 地 址：黑龙江省哈尔滨市江南中环路 70 公里（香坊区向阳工业开发区）
生 产 地 址：黑龙江省哈尔滨市江南中环路 70 公里（香坊区向阳工业开发区）
有 效 期：2012 年 04 月 17 日至 2017 年 04 月 16 日
发 证 日 期：2012 - 04 - 17
产 品 名 称：维生素（Ⅱ）：维生素 B_1、维生素 B_2、维生素 C、维生素 E、维生素 K_3；矿物元素（Ⅱ）：硫酸亚铁、硫酸铜、硫酸锌；微生物（Ⅱ）：枯草芽孢杆菌、嗜酸乳杆菌、产朊假丝酵母

黑龙江省荣海诚生物科技发展有限公司

许可证编号：饲添（2012）3124

注册地址：黑龙江省哈尔滨市双城市新兴乡新华村
生产地址：黑龙江省哈尔滨市双城市新兴乡新华村
有效期：2012年04月17日至2017年04月16日
发证日期：2012-04-17
产品名称：微生物（Ⅱ）：枯草芽孢杆菌、嗜酸乳杆菌、酿酒酵母

肇东星湖生物科技有限公司
许可证编号：饲添（2012）3125
注册地址：黑龙江省绥化市肇东市八北街（原淀粉厂）
生产地址：黑龙江省绥化市肇东市八北街（原淀粉厂）
有效期：2012年04月17日至2017年04月16日
发证日期：2012-04-17
产品名称：氨基酸（Ⅰ）：L-赖氨酸硫酸盐

哈尔滨市华农威普动物保健品有限公司
许可证编号：饲添（2012）2181
注册地址：黑龙江省哈尔滨市利民开发区珠海路北侧
生产地址：黑龙江省哈尔滨市利民开发区珠海路北侧
有效期：2012年04月17日至2017年04月16日
发证日期：2012-04-17
产品名称：维生素（Ⅱ）：维生素C、维生素E；微生物（Ⅱ）：枯草芽孢杆菌、嗜酸乳杆菌、产朊假丝酵母

巴彦县巨龙生物饲料开发有限公司
许可证编号：饲添（2012）2396
注册地址：黑龙江省哈尔滨市巴彦县兴隆镇繁荣街
生产地址：黑龙江省哈尔滨市巴彦县兴隆镇中兴村
有效期：2012年04月17日至2017年04月16日
发证日期：2012-04-17
产品名称：微生物（Ⅱ）：枯草芽孢杆菌、嗜酸乳杆菌、产朊假丝酵母

哈尔滨康铃科技开发有限责任公司
许可证编号：饲添（2012）0063
注册地址：黑龙江省哈尔滨市南岗区学府路109号
生产地址：黑龙江省哈尔滨市南岗区学府路109号（西区）
有效期：2012年04月17日至2017年04月16日
发证日期：2012-04-17
产品名称：维生素（Ⅱ）：维生素A、维生素B_1、维生素B_2、维生素C、维生素D_3、维生素E、维生素K_3、氯化胆碱；酶制剂（Ⅰ）：植酸酶（产自黑曲霉）；酶制剂（Ⅱ）：淀粉酶、纤维素酶、植酸酶、蛋白酶、木聚糖酶；微生物（Ⅱ）：枯草芽孢杆菌、嗜酸乳杆菌、酿酒酵母

哈尔滨中科生物工程有限公司
许可证编号：饲添（2012）2316
注册地址：黑龙江省哈尔滨市道里区机场路35公里处
生产地址：黑龙江省哈尔滨市道里区机场路35公里处
有效期：2012年04月17日至2017年04月16日
发证日期：2012-04-17
产品名称：微生物（Ⅰ）：枯草芽孢杆菌、嗜酸乳杆菌、植物乳杆菌、产朊假丝酵母、沼泽红假单胞菌

黑龙江海博瑞特科技有限公司
许可证编号：饲添（2012）3105
注册地址：黑龙江省哈尔滨市香坊区香坊实验农场
生产地址：黑龙江省哈尔滨市香坊区香坊实验农场
有效期：2012年03月07日至2017年03月06日
发证日期：2012-03-07
产品名称：维生素（Ⅱ）：维生素B_1、维生素B_2、维生素C、维生素E、维生素K_3；微生物（Ⅱ）：枯草芽孢杆菌、嗜酸乳杆菌、产朊假丝酵母

哈尔滨农垦香坊兴业饲料厂
许可证编号：饲添（2012）2264
注册地址：黑龙江省哈尔滨市香坊区香福路18号
生产地址：黑龙江省哈尔滨市道外区民主乡五星村
有效期：2012年03月07日至2017年03月06日
发证日期：2012-03-07
产品名称：维生素（Ⅱ）：维生素C；微生物（Ⅱ）：枯草芽孢杆菌、嗜酸乳杆菌、产朊假丝酵母

哈尔滨飞达饲料添加剂厂
许可证编号：饲添（2012）2179
注册地址：黑龙江省哈尔滨市道里区机场路19公里处
生产地址：黑龙江省哈尔滨市道里区机场路19公里处闫家岗农场
有效期：2012年03月07日至2017年03月06日
发证日期：2012-03-07
产品名称：微生物（Ⅱ）：枯草芽孢杆菌、嗜酸乳杆菌、产朊假丝酵母

哈尔滨健源生物科技有限公司
许可证编号：饲添（2012）2297
注册地址：黑龙江省哈尔滨市道外区团结镇桥西二道街5号
生产地址：黑龙江省哈尔滨市道外区团结镇桥西二道街5号
有效期：2012年03月07日至2017年03月06日
发证日期：2012-03-07
产品名称：微生物（Ⅱ）：枯草芽孢杆菌、嗜酸乳杆菌、

产朊假丝酵母

哈尔滨捷农科技有限公司

许可证编号：饲添（2012）2291
注 册 地 址：黑龙江省哈尔滨市香坊区香发街 12-3 号
生 产 地 址：黑龙江省哈尔滨市香坊区香发街 12-3 号
有 效 期：2012 年 03 月 07 日至 2017 年 03 月 06 日
发 证 日 期：2012-03-07
产 品 名 称：微生物（Ⅱ）：枯草芽孢杆菌、嗜酸乳杆菌、产朊假丝酵母

牡丹江佰佳信生物科技有限公司

许可证编号：饲添（2012）3103
注 册 地 址：黑龙江省牡丹江市阳明区机车路（国家级循环经济试点园区）55 号
生 产 地 址：黑龙江省牡丹江市阳明区机车路（国家级循环经济试点园区）55 号
有 效 期：2012 年 03 月 07 日至 2017 年 03 月 06 日
发 证 日 期：2012-03-07
产 品 名 称：微生物（Ⅰ）（Ⅱ）：枯草芽孢杆菌、植物乳杆菌、酿酒酵母

九三集团北安大豆制品有限公司

许可证编号：饲添（2012）3102
注 册 地 址：黑龙江省北安市赵光农场铁西区
生 产 地 址：黑龙江省北安市赵光农场铁西区
有 效 期：2012 年 03 月 07 日至 2017 年 03 月 06 日
发 证 日 期：2012-03-07
产 品 名 称：大豆磷脂（Ⅰ）

哈尔滨市强丰动物保健品厂

许可证编号：饲添（2012）3101
注 册 地 址：黑龙江省哈尔滨市江南中环路 70 公里
生 产 地 址：黑龙江省哈尔滨市江南中环路 70 公里
有 效 期：2012 年 03 月 07 日至 2017 年 03 月 06 日
发 证 日 期：2012-03-07
产 品 名 称：维生素（Ⅱ）：维生素 B_1、维生素 B_2、维生素 C、维生素 E、维生素 K_3；微生物（Ⅱ）：枯草芽孢杆菌、嗜酸乳杆菌、产朊假丝酵母

哈尔滨市罗曼饲料添加剂厂

许可证编号：饲添（2012）0923
注 册 地 址：黑龙江省哈尔滨市香坊区电碳路 46 号
生 产 地 址：黑龙江省哈尔滨市香坊区电碳路 46 号
有 效 期：2012 年 03 月 07 日至 2017 年 03 月 06 日
发 证 日 期：2012-03-07
产 品 名 称：矿物元素（Ⅱ）：碘化钾、氯化钴、亚硒酸钠

哈尔滨金田农业科技有限公司

许可证编号：饲添（2012）3077
注 册 地 址：黑龙江省哈尔滨市香坊区向阳乡金家村
生 产 地 址：黑龙江省哈尔滨市香坊区向阳乡金家村
有 效 期：2012 年 01 月 13 日至 2017 年 01 月 12 日
发 证 日 期：2012-01-13
产 品 名 称：微生物（Ⅱ）：枯草芽孢杆菌、嗜酸乳杆菌、产朊假丝酵母

哈尔滨禾心预混料添加剂厂

许可证编号：饲添（2012）3179
注 册 地 址：黑龙江省哈尔滨市香坊区香福路 18 号
生 产 地 址：黑龙江省哈尔滨市香坊区香福路 18 号
有 效 期：2012 年 07 月 09 日至 2017 年 07 月 08 日
发 证 日 期：2012-07-09
产 品 名 称：维生素（Ⅱ）：维生素 A、维生素 B_1、维生素 B_2、维生素 C、维生素 D_3、维生素 E、维生素 K_3；微生物（Ⅱ）：枯草芽孢杆菌、嗜酸乳杆菌、产朊假丝酵母

上 海 市

上海天昌饲料科技有限公司

许可证编号：饲添（2012）1093
注 册 地 址：上海市嘉定区南翔镇新翔黄路 3 号桥永乐村 274 号
生 产 地 址：上海市嘉定区南翔镇新翔黄路 3 号桥永乐村 274 号
有 效 期：2012 年 07 月 09 日至 2017 年 07 月 08 日
发 证 日 期：2012-07-09
产 品 名 称：抗氧化剂（Ⅱ）：乙氧基喹啉、二丁基羟基甲苯；防霉剂（Ⅱ）：丙酸、丙酸铵、丙酸钙；酸度调节剂（Ⅱ）：乳酸、富马酸、柠檬酸、磷酸；调味剂（Ⅱ）：糖精钠

诺伟司饲料添加剂（上海）有限公司

许可证编号：饲添（2012）2364
注 册 地 址：上海市嘉定区马陆镇博学路 88 号第 5 幢
生 产 地 址：上海市嘉定区马陆镇博学路 88 号第 5 幢
有 效 期：2012 年 07 月 09 日至 2017 年 07 月 08 日
发 证 日 期：2012 - 07 - 09
产 品 名 称：酶制剂（Ⅱ）：纤维素酶、β-葡聚糖酶、甘露聚糖酶、植酸酶、蛋白酶、木聚糖酶；抗氧化剂（Ⅱ）：乙氧基喹啉、二丁基羟基甲苯、没食子酸丙酯；防霉剂（Ⅱ）：甲酸、甲酸铵、丙酸、丙酸铵、乳酸；酸度调节剂（Ⅱ）：甲酸、甲酸铵、甲酸钙、丙酸、丙酸铵、乳酸、苯甲酸、山梨酸、富马酸、柠檬酸、磷酸

上海朝翔生物技术有限公司

许可证编号：饲添（2012）0928
注 册 地 址：上海市松江高新技术园区（玉树路 605 号 17 号厂房 B）
生 产 地 址：上海市松江区叶榭镇叶荣路 18 号
有 效 期：2012 年 04 月 17 日至 2017 年 04 月 16 日
发 证 日 期：2012 - 04 - 17
产 品 名 称：酶制剂（Ⅱ）：淀粉酶、纤维素酶、蛋白酶、木聚糖酶；抗氧化剂（Ⅱ）：乙氧基喹啉、丁基羟基茴香醚、二丁基羟基甲苯；酸度调节剂（Ⅱ）：甲酸、富马酸、磷酸；调味剂和香料（Ⅱ）：糖精钠、食品用香料；多糖和寡糖（Ⅱ）：果寡糖；大蒜素（Ⅱ）

上海纽瑞茵生物技术有限公司

许可证编号：饲添（2012）1856
注 册 地 址：上海市奉贤区奉城镇兰博路 135 号
生 产 地 址：上海市奉贤区奉城镇兰博路 135 号
有 效 期：2012 年 06 月 11 日至 2017 年 06 月 10 日
发 证 日 期：2012 - 06 - 11
产 品 名 称：酶制剂（Ⅱ）：植酸酶、β-葡聚糖酶、木聚糖酶；维生素（Ⅱ）：α-生育酚乙酸酯

上海邦森生物科技有限公司

许可证编号：饲添（2012）3071
注 册 地 址：上海市奉贤区海湾镇五四支路 171 号 3 幢 534 室
生 产 地 址：上海市奉贤区五四公路 3850 号
有 效 期：2012 年 01 月 13 日至 2017 年 01 月 12 日
发 证 日 期：2012 - 01 - 13
产 品 名 称：维生素（Ⅱ）：维生素 C；丙酸钙（Ⅱ）、丁酸钠（Ⅱ）；多糖和寡糖（Ⅱ）：甘露寡糖

上海富朗特动物保健有限公司

许可证编号：饲添（2012）2302
注 册 地 址：上海市金山区枫泾开发区建定路 169 号
生 产 地 址：上海市金山区枫泾开发区建定路 169 号
有 效 期：2012 年 01 月 13 日至 2017 年 01 月 12 日
发 证 日 期：2012 - 01 - 13
产 品 名 称：酸度调节剂（Ⅱ）：甲酸、甲酸铵、甲酸钙、乙酸、丙酸钙、富马酸、柠檬酸

江 苏 省

靖江市恒通生物工程有限公司

许可证编号：饲添（2012）3254
注 册 地 址：江苏省靖江市真武河南路 30 号
生 产 地 址：江苏省靖江市真武河南路 30 号
有 效 期：2012 年 12 月 18 日至 2017 年 12 月 17 日
发 证 日 期：2012 - 12 - 18
产 品 名 称：维生素（Ⅰ）：L-抗坏血酸-2-磷酸酯；维生素（Ⅱ）：维生素 C

蓝星安迪苏南京有限公司

许可证编号：饲添（2012）3253
注 册 地 址：江苏省南京市化学工业园区长丰河路 389 号
生 产 地 址：江苏省南京市化学工业园区长丰河路 389 号
有 效 期：2012 年 12 月 18 日至 2017 年 12 月 17 日
发 证 日 期：2012 - 12 - 18
产 品 名 称：氨基酸（Ⅰ）：蛋氨酸羟基类似物

泰兴瑞泰化工有限公司

许可证编号：饲添（2012）0132
注 册 地 址：江苏省泰兴市七圩镇港口
生 产 地 址：江苏省泰兴市经济开发区通江西路 9 号
有 效 期：2012 年 09 月 03 日至 2017 年 09 月 02 日
发 证 日 期：2012 - 09 - 03
产 品 名 称：抗氧化剂（Ⅰ）：乙氧基喹啉；抗氧化剂（Ⅱ）：乙氧基喹啉、丁基羟基茴香醚、二丁基羟基甲苯；酸度调节剂（Ⅱ）：甲酸、丙酸、乳酸、富马酸

常州市牛塘化工厂有限公司
许可证编号：饲添（2012）1130
注 册 地 址：江苏省常州市武进区牛塘镇延政路51号
生 产 地 址：江苏省常州市武进区牛塘镇延政路51号
有　效　期：2012年09月03日至2017年09月02日
发 证 日 期：2012-09-03
产 品 名 称：维生素（Ⅰ）：叶酸

南通市华达饲料有限公司
许可证编号：饲添（2012）3218
注 册 地 址：江苏省南通市通州区五甲镇庆丰村
生 产 地 址：江苏省南通市通州区五甲镇庆丰村
有　效　期：2012年09月03日至2017年09月02日
发 证 日 期：2012-09-03
产 品 名 称：矿物元素（Ⅰ）：硫酸锌、氧化锌

无锡英尔特生物科技有限公司
许可证编号：饲添（2012）3219
注 册 地 址：江苏省无锡市新区城南路223-5号
生 产 地 址：江苏省无锡市新区城南路223-5号
有　效　期：2012年09月03日至2017年09月02日
发 证 日 期：2012-09-03
产 品 名 称：矿物元素及其络（螯）合物（Ⅱ）：甘氨酸铁络合物；酶制剂（Ⅱ）：淀粉酶、纤维素酶、β-葡聚糖酶、脂肪酶、甘露聚糖酶、果胶酶、蛋白酶、木聚糖酶；微生物（Ⅱ）：枯草芽孢杆菌、酿酒酵母；调味剂（Ⅱ）：糖精钠、谷氨酸钠、5′-肌苷酸二钠、5′-鸟苷酸二钠；多糖和寡糖（Ⅱ）：果寡糖、甘露寡糖

江苏博立生物制品有限公司
许可证编号：饲添（2012）3216
注 册 地 址：江苏省姜堰经济开发区扬州路93号
生 产 地 址：江苏省姜堰经济开发区扬州路93号
有　效　期：2012年09月03日至2017年09月02日
发 证 日 期：2012-09-03
产 品 名 称：酶制剂（Ⅰ）：淀粉酶（产自黑曲霉、地衣芽孢杆菌、枯草芽孢杆菌）、纤维素酶（产自长柄木霉）、β-葡聚糖酶（产自枯草芽孢杆菌）、果胶酶（产自黑曲霉）、蛋白酶（产自黑曲霉、枯草芽孢杆菌）、木聚糖酶（产自米曲霉）

江苏永峰饲料有限公司
许可证编号：饲添（2012）3217
注 册 地 址：江苏省沭阳县万匹乡万匹村
生 产 地 址：江苏省沭阳县万匹乡万匹村万西沟东侧
有　效　期：2012年09月03日至2017年09月02日
发 证 日 期：2012-09-03
产 品 名 称：矿物元素（Ⅰ）：磷酸氢钙

无锡阿尔宝尔生物工程有限公司
许可证编号：饲添（2012）1167
注 册 地 址：江苏省无锡市锡北私营经济园凤翔北路27号
生 产 地 址：江苏省无锡市锡北私营经济园凤翔北路27号
有　效　期：2012年09月03日至2017年09月02日
发 证 日 期：2012-09-03
产 品 名 称：微生物（Ⅰ）（Ⅱ）：枯草芽孢杆菌

江苏赛奥生化有限公司
许可证编号：饲添（2012）3149
注 册 地 址：江苏省南通市港闸区越江路98号
生 产 地 址：江苏省南通市港闸区越江路98号
有　效　期：2012年06月11日至2017年06月10日
发 证 日 期：2012-06-11
产 品 名 称：维生素（Ⅰ）：烟酰胺

江苏省东泰精细化工有限责任公司
许可证编号：饲添（2012）1055
注 册 地 址：江苏省镇江市新区大港临江西路35号
生 产 地 址：江苏省镇江市新区大港临江西路35号
有　效　期：2012年06月11日至2017年06月10日
发 证 日 期：2012-06-11
产 品 名 称：矿物元素（Ⅰ）：氧化锌

连云港祥云化工有限公司
许可证编号：饲添（2012）3137
注 册 地 址：江苏省连云港市海州区锦屏镇李圩村
生 产 地 址：江苏省连云港市海州区锦屏镇李圩村
有　效　期：2012年06月11日至2017年06月10日
发 证 日 期：2012-06-11
产 品 名 称：矿物元素（Ⅰ）：磷酸氢钙

连云港市海州精制饲料厂
许可证编号：饲添（2012）3115
注 册 地 址：江苏省连云港市海州锦屏中路刘顶
生 产 地 址：江苏省连云港市海州刘顶工业区
有　效　期：2012年04月17日至2017年04月16日
发 证 日 期：2012-04-17
产 品 名 称：矿物元素（Ⅰ）：磷酸氢钙

无锡泰花淀粉有限公司
许可证编号：饲添（2012）1056
注 册 地 址：江苏省无锡市锡山经济开发区工业园合心路15号
生 产 地 址：江苏省无锡市锡山经济开发区工业园合心路15号

有 效 期：2012年03月07日至2017年03月06日
发证日期：2012-03-07
产品名称：α-淀粉（Ⅰ）

江苏南农高科动物药业有限公司

许可证编号：饲添（2012）3099
注册地址：江苏省姜堰市姜官路北首
生产地址：江苏省姜堰市姜官路北首
有 效 期：2012年03月07日至2017年03月06日
发证日期：2012-03-07
产品名称：微生物（Ⅱ）：枯草芽孢杆菌

杰能科（中国）生物工程有限公司

许可证编号：饲添（2012）2251
注册地址：江苏省无锡市新区梅里路102号
生产地址：江苏省无锡市新区梅里路102号
有 效 期：2012年03月07日至2017年03月06日
发证日期：2012-03-07
产品名称：酶制剂（Ⅰ）：淀粉酶（产自解淀粉芽孢杆菌）、纤维素酶（产自长柄木霉）

雨润慕德生物科技（连云港）有限公司

许可证编号：饲添（2012）3150
注册地址：江苏省连云港市东海经济开发区东区
生产地址：江苏省连云港市东海经济开发区东区
有 效 期：2012年06月11日至2017年06月10日
发证日期：2012-06-11
产品名称：微生物（Ⅰ）（Ⅱ）：枯草芽孢杆菌、嗜酸乳杆菌、酿酒酵母

镇江牧苑动物科技开发有限公司

许可证编号：饲添（2012）3151
注册地址：江苏省句容市华阳镇长江路3号
生产地址：江苏省句容市边城镇江苏农博园内
有 效 期：2012年06月11日至2017年06月10日
发证日期：2012-06-11
产品名称：酸度调节剂（Ⅱ）：氯化钾、碳酸钠

无锡捷成宝生物科技有限公司

许可证编号：饲添（2012）3152
注册地址：江苏省无锡市新区长江南路29号
生产地址：江苏省无锡市新区长江南路29号
有 效 期：2012年06月11日至2017年06月10日
发证日期：2012-06-11
产品名称：微生物（Ⅰ）：枯草芽孢杆菌、嗜酸乳杆菌

无锡大江中盛生物科技有限公司

许可证编号：饲添（2012）3165
注册地址：江苏省无锡市凤翔北路27号
生产地址：江苏省无锡市凤翔北路27号
有 效 期：2012年06月11日至2017年06月10日
发证日期：2012-06-11
产品名称：抗氧化剂（Ⅱ）：乙氧基喹啉、二丁基羟基甲苯；防霉剂（Ⅱ）：双乙酸钠、丙酸、富马酸；酸度调节剂（Ⅱ）：乙酸、乳酸、柠檬酸、磷酸

泰州市丰润生物科技有限公司

许可证编号：饲添（2012）2214
注册地址：江苏省泰兴市七圩镇七圩村
生产地址：江苏省泰兴市七圩镇七圩村
有 效 期：2012年06月11日至2017年06月10日
发证日期：2012-06-11
产品名称：防霉剂（Ⅱ）：双乙酸钠、丙酸、丙酸钙、苯甲酸钠、富马酸；抗氧化剂（Ⅱ）：乙氧基喹啉、二丁基羟基甲苯

浙 江 省

杭州民生生物科技有限公司

许可证编号：饲添（2012）0071
注册地址：浙江省杭州市拱墅区余杭塘路108号
生产地址：浙江省湖州市安吉县递铺镇阳光工业园区（健康园区）
有 效 期：2012年12月18日至2017年12月17日
发证日期：2012-12-18
产品名称：维生素（Ⅱ）：维生素C、L-抗坏血酸-2-磷酸酯

浙江省仙居亚细亚肌醇厂

许可证编号：饲添（2012）1186
注册地址：浙江省仙居县穿城南路8号
生产地址：浙江省仙居县穿城南路8号
有 效 期：2012年12月18日至2017年12月17日
发证日期：2012-12-18
产品名称：维生素（Ⅰ）：肌醇

浙江国光生化股份有限公司

许可证编号：饲添（2012）1801
注 册 地 址：浙江省衢州高新技术产业园区春城路6号
生 产 地 址：浙江省衢州高新技术产业园区春城路6号
有　效　期：2012年10月17日至2017年10月16日
发 证 日 期：2012-10-17
产 品 名 称：氨基酸（Ⅰ）：L-苏氨酸

海宁凤鸣叶绿素有限公司

许可证编号：饲添（2012）1029
注 册 地 址：浙江省海宁市周王庙镇油车路7号
生 产 地 址：浙江省海宁市周王庙镇油车路7号
有　效　期：2012年10月17日至2017年10月16日
发 证 日 期：2012-10-17
产 品 名 称：着色剂（Ⅰ）（Ⅱ）：天然叶黄素

浙江医药股份有限公司维生素厂

许可证编号：饲添（2012）1322
注 册 地 址：浙江省绍兴袍江工业区北区-D11地块
生 产 地 址：浙江省绍兴袍江工业区北区-D11地块
有　效　期：2012年10月17日至2017年10月16日
发 证 日 期：2012-10-17
产 品 名 称：维生素（Ⅰ）：维生素A乙酸酯、维生素D_3、维生素E；维生素（Ⅱ）：维生素A、维生素A乙酸酯、维生素D_3、维生素E、D-生物素；着色剂（Ⅱ）：虾青素

德清县天丰磷脂饲料厂

许可证编号：饲添（2012）3211
注 册 地 址：浙江省湖州市德清县洛舍镇东衡村屯山下
生 产 地 址：浙江省湖州市德清县洛舍镇东衡村屯山下
有　效　期：2012年09月03日至2017年09月02日
发 证 日 期：2012-09-03
产 品 名 称：大豆磷脂（Ⅰ）

浙江欣欣生化科技有限公司

许可证编号：饲添（2012）1236
注 册 地 址：浙江省嘉兴市南湖工业区内欣欣工业园办公楼
生 产 地 址：浙江省嘉兴市南湖区十八里工业区
有　效　期：2012年07月09日至2017年07月08日
发 证 日 期：2012-07-09
产 品 名 称：α-淀粉（Ⅰ）

金华市佳乐乳业有限公司香料厂

许可证编号：饲添（2012）2087
注 册 地 址：浙江省金华市工业园区熟溪路99号
生 产 地 址：浙江省金华市白龙桥金龙路
有　效　期：2012年07月09日至2017年07月08日
发 证 日 期：2012-07-09
产 品 名 称：防霉剂（Ⅱ）：丙酸钙、双乙酸钠

乐清田丰生物科技有限公司

许可证编号：饲添（2012）3182
注 册 地 址：浙江省乐清市石帆街道绅坊工业园区B座
生 产 地 址：浙江省乐清市石帆街道绅坊工业园区B座
有　效　期：2012年07月09日至2017年07月08日
发 证 日 期：2012-07-09
产 品 名 称：微生物（Ⅰ）：枯草芽孢杆菌

德清麦特生物有限公司

许可证编号：饲添（2012）3201
注 册 地 址：浙江省德清县雷甸镇和平村
生 产 地 址：浙江省德清县雷甸镇下高桥村
有　效　期：2012年07月09日至2017年07月08日
发 证 日 期：2012-07-09
产 品 名 称：大豆磷脂（Ⅰ）

德清县康正面筋厂

许可证编号：饲添（2012）3200
注 册 地 址：浙江省德清县新市镇丰年村
生 产 地 址：浙江省德清县新市镇丰年村
有　效　期：2012年07月09日至2017年07月08日
发 证 日 期：2012-07-09
产 品 名 称：α-淀粉（Ⅰ）

杭州唐天科技有限公司

许可证编号：饲添（2012）1025
注 册 地 址：浙江省杭州市滨江区长河街道晶都路115号四楼418室
生 产 地 址：浙江省杭州市凯旋路268号浙大华家池校区
有　效　期：2012年04月17日至2017年04月16日
发 证 日 期：2012-04-17
产 品 名 称：糖萜素（Ⅰ）（Ⅱ）

浙江医药股份有限公司新昌制药厂

许可证编号：饲添（2012）1098
注 册 地 址：浙江省新昌县环城东路59号
生 产 地 址：浙江省新昌县大道东路98号
有　效　期：2012年04月17日至2017年04月16日
发 证 日 期：2012-04-17
产 品 名 称：维生素（Ⅰ）（Ⅱ）：维生素E；维生素（Ⅱ）：维生素A乙酸酯、D-生物素；着色剂（Ⅰ）（Ⅱ）：β-胡萝卜素、β，β-胡萝卜素-4，4-二酮（斑蝥黄）；着色剂（Ⅱ）：虾青素

浙江升华拜克生物股份有限公司

许可证编号：饲添（2012）2220
注 册 地 址：浙江省德清县钟管工业区
生 产 地 址：浙江省德清县钟管工业区
有 效 期：2012 年 03 月 07 日至 2017 年 03 月 06 日
发 证 日 期：2012-03-07
产 品 名 称：氨基酸（Ⅰ）（Ⅱ）：L-色氨酸；氨基酸（Ⅰ）：L-赖氨酸硫酸盐

湖州博信生物科技有限公司

许可证编号：饲添（2012）3082
注 册 地 址：浙江省安吉县梅溪镇临港工业园区
生 产 地 址：浙江省安吉县梅溪镇临港工业园区
有 效 期：2012 年 03 月 07 日至 2017 年 03 月 06 日
发 证 日 期：2012-03-07
产 品 名 称：维生素（Ⅱ）：维生素 C；微生物（Ⅱ）：枯草芽孢杆菌；酸度调节剂（Ⅱ）：乳酸；调味剂（Ⅱ）：糖精钠

桐庐新天地生物科技有限公司

许可证编号：饲添（2012）2088
注 册 地 址：浙江省杭州市桐庐县洋塘路 251 号
生 产 地 址：浙江省杭州市桐庐县洋塘路 251 号
有 效 期：2012 年 01 月 13 日至 2017 年 01 月 12 日
发 证 日 期：2012-01-13
产 品 名 称：维生素（Ⅱ）：维生素 C；半胱胺盐酸盐（Ⅰ）

台州市海盛化工有限公司

许可证编号：饲添（2012）1028
注 册 地 址：浙江省化学原料药基地临海园区
生 产 地 址：浙江省化学原料药基地临海园区
有 效 期：2012 年 01 月 13 日至 2017 年 01 月 12 日
发 证 日 期：2012-01-13
产 品 名 称：维生素（Ⅰ）（Ⅱ）：维生素 D_3

湖州璟宝饲料添加剂有限公司

许可证编号：饲添（2012）0083
注 册 地 址：浙江省湖州市杨家埠果木园路 118 号
生 产 地 址：浙江省湖州市杨家埠果木园路 118 号
有 效 期：2012 年 01 月 13 日至 2017 年 01 月 12 日
发 证 日 期：2012-01-13
产 品 名 称：调味剂和香料（Ⅱ）：食品用香料；黏结剂（Ⅱ）：羧甲基纤维素钠

东阳市万锢生物科技有限公司

许可证编号：饲添（2012）3073
注 册 地 址：浙江省东阳市湖溪镇新兴路
生 产 地 址：浙江省东阳市湖溪镇新兴路
有 效 期：2012 年 01 月 13 日至 2017 年 01 月 12 日
发 证 日 期：2012-01-13
产 品 名 称：抗氧化剂（Ⅱ）：乙氧基喹啉；防霉剂（Ⅱ）：丙酸；酸度调节剂（Ⅱ）：乳酸、磷酸；调味剂和香料（Ⅱ）：糖精钠、食品用香料；大蒜素（Ⅱ）

安 徽 省

安徽绿源生物科技有限公司

许可证编号：饲添（2012）3256
注 册 地 址：安徽省蚌埠市龙子湖区淮李路 5 号
生 产 地 址：安徽省蚌埠市龙子湖区淮李路 5 号
有 效 期：2012 年 12 月 18 日至 2017 年 12 月 17 日
发 证 日 期：2012-12-18
产 品 名 称：酸度调节剂（Ⅱ）：甲酸钙、乳酸、富马酸、柠檬酸、磷酸；调味剂和香料（Ⅱ）：糖精钠、食品用香料

安徽省瑞森生物科技有限责任公司

许可证编号：饲添（2012）2289
注 册 地 址：安徽省合肥市经济技术开发区桃花工业园石门路
生 产 地 址：安徽省合肥市经济技术开发区紫蓬路 240 号
有 效 期：2012 年 10 月 17 日至 2017 年 10 月 16 日
发 证 日 期：2012-10-17
产 品 名 称：防霉剂（Ⅱ）：丙酸、丙酸钙、柠檬酸；调味剂和香料（Ⅱ）：糖精钠、食品用香料；大蒜素（Ⅱ）

泗县天力生物科技有限公司

许可证编号：饲添（2012）2313
注 册 地 址：安徽省泗县经济开发区二环路中段北
生 产 地 址：安徽省泗县经济开发区二环路中段北
有 效 期：2012 年 06 月 11 日至 2017 年 06 月 10 日
发 证 日 期：2012-06-11
产 品 名 称：维生素（Ⅱ）：维生素 B_2、维生素 C；抗结块剂（Ⅱ）：三氧化二铝、二氧化硅

中粮生物化学（安徽）股份有限公司

许可证编号：饲添（2012）1209

注册地址：安徽省蚌埠市大庆路73号
生产地址：安徽省蚌埠市大庆路73号
有　效　期：2012年06月11日至2017年06月10日
发证日期：2012-06-11
产品名称：氨基酸（Ⅰ）：L-赖氨酸盐酸盐、L-赖氨酸硫酸盐及其发酵副产物

安徽天浩生物技术有限责任公司

许可证编号：饲添（2012）3213
注册地址：安徽省合肥市长丰县岗集镇
生产地址：安徽省合肥市长丰县岗集镇
有　效　期：2012年09月03日至2017年09月02日
发证日期：2012-09-03
产品名称：抗氧化剂（Ⅱ）：乙氧基喹啉、丁基羟基茴香醚、二丁基羟基甲苯；防霉剂（Ⅱ）：双乙酸钠、丙酸钙；酸度调节剂（Ⅱ）：甲酸钙、富马酸、柠檬酸、苹果酸；调味剂（Ⅱ）：糖精钠

安徽泰格生物技术股份有限公司

许可证编号：饲添（2012）1388
注册地址：安徽省蚌埠市曹山路59号（胜利路曹山东侧）
生产地址：安徽省蚌埠市东郊曹山路59号
有　效　期：2012年01月13日至2017年01月12日
发证日期：2012-01-13
产品名称：维生素（Ⅰ）：维生素C、L-抗坏血酸-2-磷酸酯；维生素（Ⅱ）：D-生物素；酸度调节剂（Ⅱ）：甲酸、乳酸、柠檬酸

马鞍山优科化工有限公司

许可证编号：饲添（2012）3074
注册地址：安徽省马鞍山市慈湖高新区太子大道1055号
生产地址：安徽省马鞍山市慈湖高新区太子大道1055号
有　效　期：2012年01月13日至2017年01月12日
发证日期：2012-01-13
产品名称：维生素（Ⅰ）：烟酰胺

福　建　省

福建奥姆龙动物药业有限公司

许可证编号：饲添（2012）3239
注册地址：福建省龙州工业园张白土片区高新区一期
生产地址：福建省龙岩市新罗区龙州工业园张白土片区高新区一期
有　效　期：2012年10月17日至2017年10月16日
发证日期：2012-10-17
产品名称：微生物（Ⅰ）：枯草芽孢杆菌

晋江富联化工有限公司

许可证编号：饲添（2012）3230
注册地址：福建省泉州市晋江市深沪镇东海垵工业区
生产地址：福建省泉州市晋江市深沪镇东海垵工业区
有　效　期：2012年10月17日至2017年10月16日
发证日期：2012-10-17
产品名称：二氧化硅（Ⅰ）

福建省三明同晟化工有限公司

许可证编号：饲添（2012）3232
注册地址：福建省三明市沙县高砂镇大龙工业区
生产地址：福建省三明市沙县高砂镇大龙工业区
有　效　期：2012年10月17日至2017年10月16日
发证日期：2012-10-17
产品名称：二氧化硅（Ⅰ）

厦门牡丹饲料科技发展有限公司

许可证编号：饲添（2012）0230
注册地址：福建省厦门市湖里区枋湖工业区目厝社33号
生产地址：福建省厦门市同安区环东海域湖里工业园101号
有　效　期：2012年06月11日至2017年06月10日
发证日期：2012-06-11
产品名称：抗氧化剂（Ⅱ）：乙氧基喹啉；防霉剂（Ⅱ）：丙酸、丙酸钙；酸度调节剂（Ⅱ）：丁酸、乳酸、柠檬酸、磷酸；调味剂和香料（Ⅱ）：糖精钠、食品用香料；大蒜素（Ⅱ）

厦门惠盈动物科技有限公司

许可证编号：饲添（2012）3081
注册地址：福建省厦门市集美区灌口大道3106号
生产地址：福建省厦门市集美区灌口大道3106号
有　效　期：2012年03月07日至2017年03月06日
发证日期：2012-03-07
产品名称：氨基酸（Ⅱ）：L-赖氨酸、甘氨酸、L-丙氨酸、天（门）冬氨酸、L-亮氨酸、缬氨酸、牛磺酸；维生素（Ⅱ）：维生素C、维生素E；酸度调节剂（Ⅱ）：甲酸、甲酸铵、乙酸、丙酸、乳酸、山梨酸、柠檬酸；大蒜素（Ⅱ）

江　西　省

江西天和生物科技有限公司

许可证编号：饲添（2012）0980
注 册 地 址：江西省南昌市高新开发区火炬大道江山大厦602室
生 产 地 址：江西省南昌市高新开发区创新大道270号
有　效　期：2012年12月18日至2017年12月17日
发 证 日 期：2012-12-18
产 品 名 称：矿物元素（Ⅱ）：碘化钾、碘酸钙、氯化钴、亚硒酸钠

江西天新药业有限公司

许可证编号：饲添（2012）2296
注 册 地 址：江西省乐平市乐安江工业园
生 产 地 址：江西省乐平市乐安江工业园
有　效　期：2012年09月03日至2017年09月02日
发 证 日 期：2012-09-03
产 品 名 称：维生素（Ⅰ）：维生素 B_1（盐酸硫胺）、维生素 B_1（硝酸硫胺）、维生素 B_6

江西兴鼎科技有限公司

许可证编号：饲添（2012）3229
注 册 地 址：江西省南昌市新祺周桑海经济开发区桑海大道
生 产 地 址：江西省南昌市新祺周桑海经济开发区桑海大道
有　效　期：2012年10月17日至2017年10月16日
发 证 日 期：2012-10-17
产 品 名 称：维生素（Ⅱ）：维生素E；矿物元素（Ⅱ）：氧化锌、吡啶甲酸铬；酶制剂（Ⅱ）：脂肪酶；微生物（Ⅱ）：枯草芽孢杆菌；防霉剂（Ⅱ）：丙酸钙；酸度调节剂（Ⅱ）：富马酸、柠檬酸、苹果酸、磷酸；调味剂和香料（Ⅱ）：糖精钠、谷氨酸钠、5′-肌苷酸二钠、5′-鸟苷酸二钠、食品用香料；抗结块剂（Ⅱ）：硅铝酸钠；多糖和寡糖（Ⅱ）：低聚壳聚糖

江西省天意生物技术开发有限公司

许可证编号：饲添（2012）0933
注 册 地 址：江西省南昌市省府大院农业厅旧办公楼
生 产 地 址：江西省南昌市高新开发区艾溪湖一路599号
有　效　期：2012年06月11日至2017年06月10日
发 证 日 期：2012-06-11
产 品 名 称：微生物（Ⅰ）：嗜酸乳杆菌

萍乡宝海饲料添加剂有限公司

许可证编号：饲添（2012）2160
注 册 地 址：江西省萍乡市湘东区老关镇老关村
生 产 地 址：江西省萍乡市湘东区老关镇老关村
有　效　期：2012年03月07日至2017年03月06日
发 证 日 期：2012-03-07
产 品 名 称：矿物元素（Ⅰ）：硫酸锌

山　东　省

山东鲁抗舍里乐药业有限公司高新区分公司

许可证编号：饲添（2012）3249
注 册 地 址：山东省济宁市东外环路6号
生 产 地 址：山东省济宁市东外环路6号
有　效　期：2012年12月18日至2017年12月17日
发 证 日 期：2012-12-18
产 品 名 称：氨基酸（Ⅱ）：L-色氨酸；维生素（Ⅱ）：D-生物素

山东高唐奥星科技有限公司

许可证编号：饲添（2012）1691
注 册 地 址：山东省聊城市高唐县官道北街5号
生 产 地 址：山东省聊城市高唐县官道北街5号
有　效　期：2012年12月18日至2017年12月17日
发 证 日 期：2012-12-18
产 品 名 称：维生素（Ⅱ）：氯化胆碱

恩贝集团有限公司

许可证编号：饲添（2012）1279
注册地址：山东省滨州市邹平县好生镇
生产地址：山东省滨州市邹平县好生镇
有效期：2012年12月18日至2017年12月17日
发证日期：2012-12-18
产品名称：维生素（Ⅰ）（Ⅱ）：氯化胆碱

潍坊祥维斯化学品有限公司

许可证编号：饲添（2012）0536
注册地址：山东省潍坊高新区高新二路36号（生物医药园孵化器206室）
生产地址：山东省临朐县东城街道东四路以东
有效期：2012年12月18日至2017年12月17日
发证日期：2012-12-18
产品名称：维生素（Ⅰ）：烟酸、烟酰胺；矿物元素及其络（螯）合物（Ⅰ）：蛋氨酸铜络（螯）合物、蛋氨酸铁络（螯）合物、蛋氨酸锰络（螯）合物、蛋氨酸锌络（螯）合物、甘氨酸铁络（螯）合物、烟酸铬、吡啶甲酸铬；甜菜碱（Ⅰ）（Ⅱ）；甜菜碱盐酸盐（Ⅰ）

临沂康盛海润德生物科技有限公司

许可证编号：饲添（2012）3248
注册地址：山东省临沂市河东区凤凰大街东段南侧
生产地址：山东省临沂市河东区凤凰大街东段南侧
有效期：2012年12月18日至2017年12月17日
发证日期：2012-12-18
产品名称：微生物（Ⅰ）（Ⅱ）：枯草芽孢杆菌；酸度调节剂（Ⅱ）：丁酸钠；乳酸；稳定剂（Ⅱ）：单硬脂酸甘油酯；多糖和寡糖（Ⅱ）：甘露寡糖

威海顺安饲料厂

许可证编号：饲添（2012）1087
注册地址：山东省威海市文登市山西路31号
生产地址：山东省威海市文登市山西路31号
有效期：2012年12月18日至2017年12月17日
发证日期：2012-12-18
产品名称：维生素（Ⅱ）：维生素B_1、维生素C、维生素E；微生物（Ⅱ）：枯草芽孢杆菌、嗜酸乳杆菌、产朊假丝酵母

山东超跃动物保健品有限公司

许可证编号：饲添（2012）2176
注册地址：山东省潍坊市高新区东明路以东二号次干道以南
生产地址：山东省潍坊市高新区北宫东街以南志远路以西
有效期：2012年12月18日至2017年12月17日
发证日期：2012-12-18
产品名称：维生素（Ⅱ）：维生素E

山东大德维恩生物科技有限公司

许可证编号：饲添（2012）3246
注册地址：山东省临沂市华苑工业园15号
生产地址：山东省临沂市华苑工业园15号
有效期：2012年12月18日至2017年12月17日
发证日期：2012-12-18
产品名称：酶制剂（Ⅱ）：甘露聚糖酶、植酸酶、木聚糖酶；微生物（Ⅱ）：枯草芽孢杆菌、嗜酸乳杆菌、酿酒酵母

泰安牧升生物制品有限公司

许可证编号：饲添（2012）3247
注册地址：山东省泰安市大汶口石膏工业园
生产地址：山东省泰安市大汶口石膏工业园
有效期：2012年12月18日至2017年12月17日
发证日期：2012-12-18
产品名称：矿物元素（Ⅰ）：磷酸氢钙

上海时祺生物科技有限公司长清分公司

许可证编号：饲添（2012）3240
注册地址：山东省济南市长清区万德镇万北村万五路东首
生产地址：山东省济南市长清区万德镇万北村万五路东首
有效期：2012年10月17日至2017年10月16日
发证日期：2012-10-17
产品名称：微生物（Ⅱ）：枯草芽孢杆菌、嗜酸乳杆菌

诸城市浩天药业有限公司

许可证编号：饲添（2012）2261
注册地址：山东省诸城市辛兴镇驻地
生产地址：山东省诸城市辛兴镇驻地
有效期：2012年10月17日至2017年10月16日
发证日期：2012-10-17
产品名称：维生素（Ⅰ）：肌醇；矿物元素（Ⅰ）：磷酸三钙

济南亿民动物药业有限公司

许可证编号：饲添（2012）2141
注册地址：山东省济南市历城区董家镇工业园
生产地址：山东省济南市历城区董家镇工业园
有效期：2012年10月17日至2017年10月16日
发证日期：2012-10-17
产品名称：微生物（Ⅰ）：枯草芽孢杆菌、嗜酸乳杆菌、产朊假丝酵母

山东方舟生物科技有限公司

许可证编号：饲添（2012）3237
注册地址：山东省潍坊市滨海经济开发区央子街道星海大

街399号
生产地址：山东省潍坊市滨海经济开发区央子街道星海大街399号
有效期：2012年10月17日至2017年10月16日
发证日期：2012-10-17
产品名称：维生素（Ⅱ）：维生素A、维生素B1、维生素B2、维生素C、维生素E、维生素K3

山东鲁抗医药股份有限公司

许可证编号：饲添（2012）2284
注册地址：山东省济宁市太白楼西路173号
生产地址：山东省济宁市太白楼西路173号
有效期：2012年09月03日至2017年09月02日
发证日期：2012-09-03
产品名称：氨基酸（Ⅰ）：L-色氨酸

泰安生力源生物工程有限公司

许可证编号：饲添（2012）2258
注册地址：山东省泰安市高新区北天门大街
生产地址：山东省泰安市龙潭路199号
有效期：2012年12月18日至2017年12月17日
发证日期：2012-12-18
产品名称：酶制剂（Ⅰ）（Ⅱ）：淀粉酶（产自黑曲霉）、纤维素酶（产自长柄木霉）、β-葡聚糖酶（产自枯草芽孢杆菌）、蛋白酶（产自米曲霉）、木聚糖酶（产自枯草芽孢杆菌）；微生物（Ⅰ）（Ⅱ）：枯草芽孢杆菌、嗜酸乳杆菌

希杰（聊城）生物科技有限公司

许可证编号：饲添（2012）2204
注册地址：山东省聊城经济开发区
生产地址：山东省聊城经济开发区
有效期：2012年03月07日至2017年03月06日
发证日期：2012-03-07
产品名称：氨基酸（Ⅰ）：L-赖氨酸、L-赖氨酸盐酸盐、L-赖氨酸硫酸盐

邹平泰康生物饲料有限公司

许可证编号：饲添（2012）3241
注册地址：山东省邹平县临池镇
生产地址：山东省邹平县临池镇
有效期：2012年10月17日至2017年10月16日
发证日期：2012-10-17
产品名称：微生物（Ⅰ）（Ⅱ）：枯草芽孢杆菌、嗜酸乳杆菌、酿酒酵母

山东鲁抗生物制造有限公司

许可证编号：饲添（2012）3215
注册地址：山东省济宁市邹城市工业园区管委会办公楼
生产地址：山东省邹城市太平镇驻地山东鲁抗生物制造有限公司
有效期：2012年09月03日至2017年09月02日
发证日期：2012-09-03
产品名称：氨基酸（Ⅰ）：L-色氨酸

泰安市泰山神药业有限公司

许可证编号：饲添（2012）3192
注册地址：山东省泰安市泰山区上高乡小井村
生产地址：山东省泰安市泰山区上高乡小井村
有效期：2012年07月09日至2017年07月08日
发证日期：2012-07-09
产品名称：维生素（Ⅱ）：维生素C、氯化胆碱；微生物（Ⅱ）：枯草芽孢杆菌、嗜酸乳杆菌

罗地亚白炭黑（青岛）有限公司

许可证编号：饲添（2012）3191
注册地址：山东省青岛市李沧区兴国二路8号
生产地址：山东省青岛市李沧区兴国二路8号
有效期：2012年07月09日至2017年07月08日
发证日期：2012-07-09
产品名称：二氧化硅（Ⅰ）

济南品佳科技发展有限公司

许可证编号：饲添（2012）3206
注册地址：山东省济南市槐荫区幸福路19号
生产地址：山东省济南槐荫区腊山口西侧
有效期：2012年07月09日至2017年07月08日
发证日期：2012-07-09
产品名称：防霉剂（Ⅱ）：丙酸、丙酸钙；酸度调节剂（Ⅱ）：乳酸、柠檬酸；调味剂和香料（Ⅱ）：糖精钠、食品用香料

泰安世锦生物科技有限公司

许可证编号：饲添（2012）3178
注册地址：山东省泰安市岱岳区大汶口石膏工业园兴业大街西首路北
生产地址：山东省泰安市岱岳区大汶口石膏工业园兴业大街西首路北
有效期：2012年07月09日至2017年07月08日
发证日期：2012-07-09
产品名称：微生物（Ⅱ）：枯草芽孢杆菌、粪肠球菌、酿酒酵母

山东百德生物科技有限公司

许可证编号：饲添（2012）3177
注册地址：山东省潍坊市寒亭区固堤街办泊子社区泊南路

以南，北海路以东600米处
生产地址：山东省潍坊市寒亭区固堤街办泊子社区泊南路以南，北海路以东600米处
有 效 期：2012年07月09日至2017年07月08日
发证日期：2012-07-09
产品名称：维生素（Ⅱ）：维生素 B_1、维生素E

齐河绿之源动物保健品有限公司
许可证编号：饲添（2012）3176
注册地址：山东省齐河县焦庙镇经济开发区（原贾市棉站）
生产地址：山东省齐河县焦庙镇经济开发区（原贾市棉站）
有 效 期：2012年07月09日至2017年07月08日
发证日期：2012-07-09
产品名称：防霉剂（Ⅱ）：双乙酸钠、丙酸、丙酸钙；酸度调节剂（Ⅱ）：甲酸、乳酸、柠檬酸、磷酸；抗结块剂（Ⅱ）：二氧化硅；乙酰氧肟酸（Ⅱ）

济宁和实生物科技有限公司
许可证编号：饲添（2012）3175
注册地址：山东省邹城市太平镇邹城工业园
生产地址：山东省邹城市太平镇邹城工业园
有 效 期：2012年07月09日至2017年07月08日
发证日期：2012-07-09
产品名称：氨基酸（Ⅰ）：N-羟甲基蛋氨酸钙；矿物元素及其络（螯）合物（Ⅰ）：富马酸亚铁、甘氨酸铁络（螯）合物；矿物元素及其络（螯）合物（Ⅰ）（Ⅱ）：蛋氨酸铜络（螯）合物、蛋氨酸铁络（螯）合物、蛋氨酸锰络（螯）合物、蛋氨酸锌络（螯）合物、甘氨酸铜络（螯）合物、烟酸铬、吡啶甲酸铬

济南国丰生物科技有限公司
许可证编号：饲添（2012）3174
注册地址：山东省济南市济阳县孙耿镇
生产地址：山东省济南市济阳县孙耿镇
有 效 期：2012年07月09日至2017年07月08日
发证日期：2012-07-09
产品名称：维生素（Ⅱ）：维生素 B_1、维生素 B_2、维生素 B_{12}、维生素C、维生素E、维生素 K_3；微生物（Ⅱ）：枯草芽孢杆菌、产朊假丝酵母

济南海华生物科技有限公司
许可证编号：饲添（2012）2283
注册地址：山东省济南市历城区花园路101号海蔚广场写字塔路5-802-3
生产地址：山东省章丘市龙山办事处党家村
有 效 期：2012年07月09日至2017年07月08日
发证日期：2012-07-09
产品名称：调味剂（Ⅱ）：糖精钠

菏泽普恩药业有限公司
许可证编号：饲添（2012）3173
注册地址：山东省菏泽市牡丹区经济开发区西区银川路
生产地址：山东省菏泽市牡丹区经济开发区西区银川路
有 效 期：2012年07月09日至2017年07月08日
发证日期：2012-07-09
产品名称：维生素（Ⅱ）：维生素C

潍坊市东方海洋生物科技研发中心
许可证编号：饲添（2012）2262
注册地址：山东省潍坊市奎文区凤凰大街西首
生产地址：山东省潍坊市奎文区凤凰大街西首
有 效 期：2012年07月09日至2017年07月08日
发证日期：2012-07-09
产品名称：微生物（Ⅰ）（Ⅱ）：枯草芽孢杆菌、嗜酸乳杆菌、酿酒酵母

肥城阿斯德化工有限公司
许可证编号：饲添（2012）0645
注册地址：山东省肥城市泰西大街121号
生产地址：山东省肥城市泰西大街121号
有 效 期：2012年07月09日至2017年07月08日
发证日期：2012-07-09
产品名称：甲酸（Ⅰ）；甲酸铵（Ⅰ）；甲酸钙（Ⅰ）

济南德高生物科技有限公司
许可证编号：饲添（2012）1239
注册地址：山东省济南市历城区工业北路159号
生产地址：山东省济南市历城区工业北路159号
有 效 期：2012年07月09日至2017年07月08日
发证日期：2012-07-09
产品名称：大蒜素（Ⅱ）

山东省大鸡制药有限公司平阴分公司
许可证编号：饲添（2012）3172
注册地址：山东省济南市平阴县济西工业园
生产地址：山东省济南市平阴县济西工业园
有 效 期：2012年07月09日至2017年07月08日
发证日期：2012-07-09
产品名称：维生素（Ⅱ）：维生素 B_1、维生素 B_2、维生素 D_3、维生素E、维生素 K_3；双乙酸钠（Ⅱ）；柠檬酸（Ⅱ）；着色剂（Ⅱ）：叶黄素；调味剂（Ⅱ）：谷氨酸钠；多糖和寡糖（Ⅱ）：低聚木糖

泰安市泰山区孚瑞饲料厂
许可证编号：饲添（2012）3205
注 册 地 址：山东省泰安市高新技术开发区
生 产 地 址：山东省泰安市高新技术开发区
有 效 期：2012 年 07 月 09 日至 2017 年 07 月 08 日
发 证 日 期：2012 - 07 - 09
产 品 名 称：大豆磷脂（Ⅱ）

济南华牧饲料有限公司
许可证编号：饲添（2012）3231
注 册 地 址：山东省济南市长清区万德镇
生 产 地 址：山东省济南市长清区万德镇
有 效 期：2012 年 10 月 17 日至 2017 年 10 月 16 日
发 证 日 期：2012 - 10 - 17
产 品 名 称：微生物（Ⅱ）：枯草芽孢杆菌、嗜酸乳杆菌

青岛根源生物技术集团有限公司
许可证编号：饲添（2012）3209
注 册 地 址：山东省青岛海峡两岸农业合作实验区
生 产 地 址：山东省青岛海峡两岸农业合作实验区
有 效 期：2012 年 07 月 09 日至 2017 年 07 月 08 日
发 证 日 期：2012 - 07 - 09
产 品 名 称：酶制剂（Ⅰ）（Ⅱ）：淀粉酶（产自枯草芽孢杆菌）、α-半乳糖苷酶（产自黑曲霉）、纤维素酶（产自长柄木霉）、β-葡聚糖酶（产自长柄木霉）、脂肪酶（产自黑曲霉）、麦芽糖酶（产自枯草芽孢杆菌）、甘露聚糖酶（产自迟缓芽孢杆菌）、果胶酶（产自黑曲霉）、植酸酶（产自黑曲霉）、蛋白酶（产自枯草芽孢杆菌）、木聚糖酶（产自枯草芽孢杆菌）；微生物（Ⅰ）（Ⅱ）：枯草芽孢杆菌、嗜酸乳杆菌、粪肠球菌、屎肠球菌、干酪乳杆菌、植物乳杆菌、乳酸片球菌、产朊假丝酵母、酿酒酵母、沼泽红假单胞菌

山东恩贝生物工程有限公司
许可证编号：饲添（2012）2241
注 册 地 址：山东省滨州市邹平县好生镇工业园区
生 产 地 址：山东省滨州市邹平县好生镇工业园区
有 效 期：2012 年 06 月 11 日至 2017 年 06 月 10 日
发 证 日 期：2012 - 06 - 11
产 品 名 称：维生素（Ⅰ）：维生素 B_2；氨基酸（Ⅰ）：L-赖氨酸硫酸盐、L-苏氨酸、L-色氨酸、缬氨酸

山东奥克特化工有限公司
许可证编号：饲添（2012）0935
注 册 地 址：山东省聊城市高唐县官道北街 5 号
生 产 地 址：山东省聊城市高唐县官道北街 5 号
有 效 期：2012 年 06 月 11 日至 2017 年 06 月 10 日
发 证 日 期：2012 - 06 - 11
产 品 名 称：维生素（Ⅰ）：氯化胆碱；甲酸钙（Ⅰ）；甜菜碱（Ⅰ）；甜菜碱盐酸盐（Ⅰ）；大蒜素（Ⅰ）（Ⅱ）

山东隆科特酶制剂有限公司
许可证编号：饲添（2012）3148
注 册 地 址：山东省临沂市沂水县城北二环路姚家官庄村
生 产 地 址：山东省临沂市沂水县城北二环路姚家官庄村
有 效 期：2012 年 06 月 11 日至 2017 年 06 月 10 日
发 证 日 期：2012 - 06 - 11
产 品 名 称：酶制剂（Ⅰ）：淀粉酶（产自枯草芽孢杆菌）、纤维素酶（产自长柄木霉）、β-葡聚糖酶（产自长柄木霉）、甘露聚糖酶（产自迟缓芽孢杆菌）、果胶酶（产自黑曲霉）、植酸酶（产自黑曲霉）、蛋白酶（产自黑曲霉）、木聚糖酶（产自米曲霉）

山东金利丰生物科技股份有限公司
许可证编号：饲添（2012）3141
注 册 地 址：山东省寿光市稻田镇工业园
生 产 地 址：山东省寿光市稻田镇工业园
有 效 期：2012 年 06 月 11 日至 2017 年 06 月 10 日
发 证 日 期：2012 - 06 - 11
产 品 名 称：微生物（Ⅰ）（Ⅱ）：枯草芽孢杆菌、嗜酸乳杆菌、酿酒酵母；酶制剂（Ⅰ）（Ⅱ）：淀粉酶（产自黑曲霉）、纤维素酶（产自长柄木霉）、β-葡聚糖酶（产自黑曲霉）、甘露聚糖酶（产自迟缓芽孢杆菌）、植酸酶（产自黑曲霉）、蛋白酶（产自黑曲霉）、木聚糖酶（产自米曲霉）

山东鲁西兽药股份有限公司
许可证编号：饲添（2012）0834
注 册 地 址：山东省齐河县城西外环西路 5 号
生 产 地 址：山东省齐河县城西外环西路 5 号
有 效 期：2012 年 04 月 17 日至 2017 年 04 月 16 日
发 证 日 期：2012 - 04 - 17
产 品 名 称：抗氧化剂（Ⅱ）：乙氧基喹啉；防腐剂（Ⅱ）：乙酸、丙酸；双乙酸钠（Ⅱ）；丙酸钙（Ⅱ）；聚丙烯酸树脂Ⅱ（Ⅱ）；二氧化硅（Ⅱ）；大蒜素（Ⅱ）；天然类固醇萨洒皂角苷（Ⅱ）

山东格兰德生物科技有限公司
许可证编号：饲添（2012）3132
注 册 地 址：山东省曹县安才楼镇林庄村
生 产 地 址：山东省曹县安才楼镇林庄村
有 效 期：2012 年 04 月 17 日至 2017 年 04 月 16 日
发 证 日 期：2012 - 04 - 17

产 品 名 称：矿物元素（Ⅰ）：乙酸锌；双乙酸钠（Ⅰ）；甜菜碱（Ⅰ）（Ⅱ）；甜菜碱盐酸盐（Ⅰ）

淄博齐兴饲料有限公司

许可证编号：饲添（2012）3131
注 册 地 址：山东省淄博市临淄齐都
生 产 地 址：山东省淄博市临淄齐都北二公里
有　效　期：2012 年 04 月 17 日至 2017 年 04 月 16 日
发 证 日 期：2012-04-17
产 品 名 称：大豆磷脂（Ⅱ）

山东宝来利来生物工程股份有限公司

许可证编号：饲添（2012）3126
注 册 地 址：山东省泰安市高新技术开发区
生 产 地 址：山东省泰安市高新技术开发区
有　效　期：2012 年 04 月 17 日至 2017 年 04 月 16 日
发 证 日 期：2012-04-17
产 品 名 称：酶制剂（Ⅰ）（Ⅱ）：淀粉酶（产自黑曲霉）、纤维素酶（产自长柄木霉）、蛋白酶（产自枯草芽孢杆菌）；微生物（Ⅰ）（Ⅱ）：枯草芽孢杆菌、植物乳杆菌、乳酸片球菌、酿酒酵母

济南诺能生物工程有限公司

许可证编号：饲添（2012）3113
注 册 地 址：山东省济南市商河县经济开发区
生 产 地 址：山东省济南市商河县经济开发区
有　效　期：2012 年 04 月 17 日至 2017 年 04 月 16 日
发 证 日 期：2012-04-17
产 品 名 称：酶制剂（Ⅰ）（Ⅱ）：淀粉酶（产自黑曲霉）、α-半乳糖苷酶（产自黑曲霉）、纤维素酶（产自长柄木霉）、β-葡聚糖酶（产自长柄木霉）、脂肪酶（产自黑曲霉）、甘露聚糖酶（产自迟缓芽孢杆菌）、果胶酶（产自黑曲霉）、植酸酶（产自黑曲霉）、蛋白酶（产自枯草芽孢杆菌）、木聚糖酶（产自长柄木霉）；甘露寡糖（Ⅰ）

齐河华瑞牧业有限公司

许可证编号：饲添（2012）3128
注 册 地 址：山东省齐河县宣章屯镇政府西 800 米路北
生 产 地 址：山东省齐河县宣章屯镇政府西 800 米路北
有　效　期：2012 年 04 月 17 日至 2017 年 04 月 16 日
发 证 日 期：2012-04-17
产 品 名 称：抗氧化剂（Ⅱ）：乙氧基喹啉；防腐剂、防霉剂和酸度调节剂（Ⅱ）：甲酸钙、双乙酸钠、丙酸钙、丁酸钠、柠檬酸钠；二氧化硅（Ⅱ）

济南泰飞科技有限公司

许可证编号：饲添（2012）3127
注 册 地 址：山东省济南市市中区党家镇展村东村
生 产 地 址：山东省济南市华山北路
有　效　期：2012 年 04 月 17 日至 2017 年 04 月 16 日
发 证 日 期：2012-04-17
产 品 名 称：甜菜碱盐酸盐（Ⅰ）

邹平西王生物工程有限公司

许可证编号：饲添（2012）3129
注 册 地 址：山东省邹平县西王工业园区
生 产 地 址：山东省邹平县西王工业园区
有　效　期：2012 年 04 月 17 日至 2017 年 04 月 16 日
发 证 日 期：2012-04-17
产 品 名 称：维生素（Ⅰ）：肌醇

禹城市海河生物制剂有限公司

许可证编号：饲添（2012）3130
注 册 地 址：山东省禹城市高新技术开发区德信大街东首
生 产 地 址：山东省禹城市高新技术开发区德信大街东首
有　效　期：2012 年 04 月 17 日至 2017 年 04 月 16 日
发 证 日 期：2012-04-17
产 品 名 称：维生素（Ⅰ）：肌醇

化学工业（全国）饲料添加剂工程技术中心山东科技公司

许可证编号：饲添（2012）3091
注 册 地 址：山东省邹城市太平镇邹城工业园
生 产 地 址：山东省邹城市太平镇邹城工业园
有　效　期：2012 年 03 月 07 日至 2017 年 03 月 06 日
发 证 日 期：2012-03-07
产 品 名 称：氨基酸（Ⅰ）：N-羟甲基蛋氨酸钙；矿物元素及其络（螯）合物（Ⅰ）：富马酸亚铁、甘氨酸铁络（螯）合物烟酸铬；矿物元素及其络（螯）合物（Ⅰ）（Ⅱ）：蛋氨酸铜络（螯）合物、蛋氨酸铁络（螯）合物、蛋氨酸锰络（螯）合物、蛋氨酸锌络（螯）合物、甘氨酸铜络（螯）合物、烟酸铬、吡啶甲酸铬

济南罗亚盈生物工程有限公司

许可证编号：饲添（2012）3090
注 册 地 址：山东省济南市长清区平安街道办事处驻地
生 产 地 址：山东省济南市长清区平安街道办事处驻地
有　效　期：2012 年 03 月 07 日至 2017 年 03 月 06 日
发 证 日 期：2012-03-07
产 品 名 称：维生素（Ⅱ）：维生素 B_1、维生素 B_2、维生素 C、维生素 E、维生素 K_3

潍坊加易加生物科技有限公司

许可证编号：饲添（2012）3094

注 册 地 址：山东省潍坊滨海开发区先进制造业产业园海林路以东、新海大街以北
生 产 地 址：山东省潍坊滨海开发区先进制造业产业园海林路以东、新海大街以北
有 效 期：2012 年 03 月 07 日至 2017 年 03 月 06 日
发 证 日 期：2012 - 03 - 07
产 品 名 称：微生物（Ⅱ）：枯草芽孢杆菌、嗜酸乳杆菌、酿酒酵母；抗氧化剂（Ⅱ）：乙氧基喹啉；防霉剂（Ⅱ）：丙酸钙；酸度调节剂（Ⅱ）：乳酸、富马酸、柠檬酸、磷酸；调味剂和香料（Ⅱ）：糖精钠、食品用香料；甜菜碱（Ⅱ）；大蒜素（Ⅱ）

山东龙力生物科技股份有限公司

许可证编号：饲添（2012）1983
注 册 地 址：山东省禹城高新技术开发区
生 产 地 址：山东省禹城高新技术开发区汉槐街 1309 号
有 效 期：2012 年 03 月 07 日至 2017 年 03 月 06 日
发 证 日 期：2012 - 03 - 07
产 品 名 称：多糖和寡糖（Ⅰ）：低聚木糖

山东天力药业有限公司维生素分公司

许可证编号：饲添（2012）3095
注 册 地 址：山东省寿光市晨鸣工业园
生 产 地 址：山东省寿光市晨鸣工业园
有 效 期：2012 年 03 月 07 日至 2017 年 03 月 06 日
发 证 日 期：2012 - 03 - 07
产 品 名 称：维生素（Ⅰ）：维生素 C

莱州市莱玉化工有限公司

许可证编号：饲添（2012）2096
注 册 地 址：山东省莱州市城港路街道办事处朱由
生 产 地 址：山东省莱州市城港路街道办事处朱由
有 效 期：2012 年 03 月 07 日至 2017 年 03 月 06 日
发 证 日 期：2012 - 03 - 07
产 品 名 称：矿物元素（Ⅰ）：硫酸镁

山东鲁维制药有限公司

许可证编号：饲添（2012）3093
注 册 地 址：山东省淄博市淄川区双凤工业园
生 产 地 址：山东省淄博市淄川区双凤工业园
有 效 期：2012 年 03 月 07 日至 2017 年 03 月 06 日
发 证 日 期：2012 - 03 - 07
产 品 名 称：维生素（Ⅰ）：维生素 C、L-抗坏血酸钙、L-抗坏血酸钠、L-抗坏血酸-2-磷酸酯；维生素（Ⅱ）：维生素 C

罗地亚精细化工添加剂（青岛）有限公司

许可证编号：饲添（2012）3097
注 册 地 址：山东省青岛高新技术产业开发区华贯路以东、春阳路以北
生 产 地 址：山东省青岛高新技术产业开发区华贯路以东、春阳路以北
有 效 期：2012 年 03 月 07 日至 2017 年 03 月 06 日
发 证 日 期：2012 - 03 - 07
产 品 名 称：二氧化硅（Ⅰ）

山东奥翔化工有限公司

许可证编号：饲添（2012）3089
注 册 地 址：山东省滕州市洪绪镇龙庄村
生 产 地 址：山东省滕州市洪绪镇龙庄村
有 效 期：2012 年 03 月 07 日至 2017 年 03 月 06 日
发 证 日 期：2012 - 03 - 07
产 品 名 称：丙酸钠（Ⅰ）；丙酸钙（Ⅰ）；苯甲酸（Ⅰ）

沂南盛皓饲料添加剂有限公司

许可证编号：饲添（2012）3171
注 册 地 址：山东省临沂市沂南县辛集镇工业园
生 产 地 址：山东省临沂市沂南县辛集镇工业园
有 效 期：2012 年 07 月 09 日至 2017 年 07 月 08 日
发 证 日 期：2012 - 07 - 09
产 品 名 称：维生素（Ⅱ）：维生素 C、维生素 K_3；微生物（Ⅱ）：枯草芽孢杆菌

潍坊指南针生物科技有限公司

许可证编号：饲添（2012）3107
注 册 地 址：山东省潍坊市凤凰山高新技术产业园崇文街东首
生 产 地 址：山东省潍坊市凤凰山高新技术产业园崇文街东首
有 效 期：2012 年 04 月 17 日至 2017 年 04 月 16 日
发 证 日 期：2012 - 04 - 17
产 品 名 称：微生物（Ⅱ）：枯草芽孢杆菌、嗜酸乳杆菌、酿酒酵母；抗氧化剂（Ⅱ）：乙氧基喹啉；防霉剂（Ⅱ）：丙酸、丙酸钙；调味剂（Ⅱ）：谷氨酸钠；甜菜碱（Ⅱ）；大豆磷脂（Ⅱ）

青岛汉河生物技术有限公司

许可证编号：饲添（2012）3092
注 册 地 址：山东省青岛市崂山区北宅街道华阳社区
生 产 地 址：山东省青岛市崂山区北宅街道华阳社区
有 效 期：2012 年 03 月 07 日至 2017 年 03 月 06 日
发 证 日 期：2012 - 03 - 07
产 品 名 称：维生素（Ⅱ）：维生素 B_2、维生素 C、维生素 E；氯化钾（Ⅱ）

青岛兴业生物工程有限公司

许可证编号：饲添（2012）0662
注 册 地 址：山东省青岛胶州市胶东镇工业园

生 产 地 址：山东省青岛胶州市胶东镇工业园
有　效　期：2012年03月07日至2017年03月06日
发 证 日 期：2012-03-07
产 品 名 称：微生物（Ⅰ）（Ⅱ）：枯草芽孢杆菌、植物乳杆菌、产朊假丝酵母

青岛安普动物营养品制造有限公司

许可证编号：饲添（2012）3098
注 册 地 址：山东省青岛市临港产业加工区泊里工业园
生 产 地 址：山东省青岛市临港产业加工区泊里工业园
有　效　期：2012年03月07日至2017年03月06日
发 证 日 期：2012-03-07
产 品 名 称：微生物（Ⅰ）（Ⅱ）：枯草芽孢杆菌、粪肠球菌、产朊假丝酵母

新发药业有限公司

许可证编号：饲添（2012）1181
注 册 地 址：山东省东营市垦利县垦利镇黄店村
生 产 地 址：山东省东营市垦利县垦利镇黄店村
有　效　期：2012年04月17日至2017年04月16日
发 证 日 期：2012-04-17
产 品 名 称：维生素（Ⅰ）：维生素B_1（盐酸硫胺）、维生素B_1（硝酸硫胺）、维生素B_2、维生素B_6、维生素K_3、D-泛醇、D-泛酸钙、叶酸、D-生物素；维生素（Ⅱ）：维生素A乙酸酯、维生素B_2、维生素B_{12}、维生素D_3、维生素E

河　南　省

南阳科生生物化工有限公司

许可证编号：饲添（2012）2383
注 册 地 址：河南省郑州市新华西路104号
生 产 地 址：河南省郑州市新华西路104号
有　效　期：2012年12月18日至2017年12月17日
发 证 日 期：2012-12-18
产 品 名 称：大蒜素（Ⅰ）

河南亿万中元生物技术有限公司

许可证编号：饲添（2012）3160
注 册 地 址：河南省郑州市新郑市龙湖镇荆沙路北段
生 产 地 址：河南省郑州市新郑市龙湖镇荆沙路北段
有　效　期：2012年06月11日至2017年06月10日
发 证 日 期：2012-06-11
产 品 名 称：微生物（Ⅰ）：枯草芽孢杆菌

项城市恒祥有限公司

许可证编号：饲添（2012）3199
注 册 地 址：河南省项城市贾岭工业区
生 产 地 址：河南省项城市贾岭工业区
有　效　期：2012年07月09日至2017年07月08日
发 证 日 期：2012-07-09
产 品 名 称：甜菜碱（Ⅱ）；大蒜素（Ⅱ）

郑州欧科拜克生物技术有限公司

许可证编号：饲添（2012）3212
注 册 地 址：河南省郑州市高新区瑞达路96号创业广场一号楼四层B401号
生 产 地 址：河南省郑州市登封市大金店三里庄高新技术工业园区
有　效　期：2012年09月03日至2017年09月02日
发 证 日 期：2012-09-03
产 品 名 称：微生物（Ⅰ）：枯草芽孢杆菌、粪肠球菌

郑州市浩恩动物保健品有限公司

许可证编号：饲添（2012）3194
注 册 地 址：河南省郑州市金水区兴达路东段3号
生 产 地 址：河南省郑州市金水区兴达路东段3号
有　效　期：2012年07月09日至2017年07月08日
发 证 日 期：2012-07-09
产 品 名 称：酶制剂（Ⅰ）（Ⅱ）：纤维素酶（产自长柄木霉）、蛋白酶（产自黑曲霉、米曲霉）、木聚糖酶（产自米曲霉、长柄木霉）；微生物（Ⅰ）：枯草芽孢杆菌、植物乳杆菌、酿酒酵母

河南省岳氏精忠科技有限公司

许可证编号：饲添（2012）3140
注 册 地 址：河南省许昌市魏都区管委会651室
生 产 地 址：河南省许昌市阳光大道西段
有　效　期：2012年06月11日至2017年06月10日
发 证 日 期：2012-06-11
产 品 名 称：微生物（Ⅰ）：枯草芽孢杆菌、嗜酸乳杆菌、酿酒酵母

济源恒元丰科技发展有限公司

许可证编号：饲添（2012）3110
注 册 地 址：河南省济源市承留镇南勋工业园

生产地址：河南省济源市承留镇南勋工业园
有效期：2012年04月17日至2017年04月16日
发证日期：2012-04-17
产品名称：矿物元素（Ⅰ）：硫酸锌

河南省瑞特利生物技术有限公司

许可证编号：饲添（2012）3100
注册地址：河南省郑州市花园路28号
生产地址：河南省郑州市贾鲁河北、中州大道东
有效期：2012年03月07日至2017年03月06日
发证日期：2012-03-07
产品名称：酶制剂（Ⅰ）（Ⅱ）：纤维素酶（产自长柄木霉）、β-葡聚糖酶（产自长柄木霉）、植酸酶（产自黑曲霉）、蛋白酶（产自黑曲霉）、木聚糖酶（产自枯草芽孢杆菌）；微生物（Ⅰ）：枯草芽孢杆菌、嗜酸乳杆菌、酿酒酵母、沼泽红假单胞菌；低聚木糖（Ⅰ）；抗氧化剂（Ⅱ）：乙氧基喹啉；防霉剂（Ⅱ）：丙酸；酸度调节剂（Ⅱ）：乳酸、富马酸、柠檬酸、磷酸

河南康贝尔饲料有限公司

许可证编号：饲添（2012）2106
注册地址：河南省郑州市金水区柳林镇河村
生产地址：河南省郑州市金水区柳林镇河村
有效期：2012年01月13日至2017年01月12日
发证日期：2012-01-13
产品名称：矿物元素（Ⅱ）：硫酸亚铁、硫酸铜、氧化锌、硫酸锌、硫酸锰、碘化钾、氯化钴

湖北省

湖北惠生药业有限公司

许可证编号：饲添（2012）3257
注册地址：湖北省咸宁市经济开发区长江产业园内
生产地址：湖北省咸宁市经济开发区长江产业园内
有效期：2012年12月18日至2017年12月17日
发证日期：2012-12-18
产品名称：维生素（Ⅰ）：维生素B_6

华中药业股份有限公司

许可证编号：饲添（2012）1174
注册地址：湖北省襄阳市春园西路71号
生产地址：湖北省襄阳市春园西路71号
有效期：2012年09月03日至2017年09月02日
发证日期：2012-09-03
产品名称：维生素（Ⅰ）：维生素B_1（盐酸硫胺）、维生素B_1（硝酸硫胺）

武汉三高生物科技有限公司

许可证编号：饲添（2012）3183
注册地址：湖北省武汉市东湖开发区珞狮南路517号
生产地址：湖北省武汉市江夏区金口街同升村
有效期：2012年07月09日至2017年07月08日
发证日期：2012-07-09
产品名称：酶制剂（Ⅰ）：淀粉酶（产自黑曲霉）、纤维素酶（产自长柄木霉）、果胶酶（产自黑曲霉）、蛋白酶（产自黑曲霉）；矿物元素及其络（螯）合物（Ⅰ）：蛋氨酸铜络（螯）合物、蛋氨酸铁络（螯）合物、蛋氨酸锰络（螯）合物、蛋氨酸锌络（螯）合物、甘氨酸铁络合物

湖北雄峰生物科技有限公司

许可证编号：饲添（2012）3233
注册地址：湖北省黄冈市黄州区南湖农场柞舟山雄峰工业园
生产地址：湖北省黄冈市黄州区南湖农场柞舟山雄峰工业园
有效期：2012年10月17日至2017年10月16日
发证日期：2012-10-17
产品名称：微生物（Ⅱ）：地衣芽孢杆菌、枯草芽孢杆菌、植物乳杆菌、酿酒酵母、沼泽红假单胞菌

武汉骏辉饲料有限公司

许可证编号：饲添（2012）3109
注册地址：湖北省武汉市汉阳大道630号
生产地址：湖北省武汉市汉阳区黄金口工业园
有效期：2012年04月17日至2017年04月16日
发证日期：2012-04-17
产品名称：矿物元素（Ⅱ）：硫酸亚铁、硫酸铜、氧化锌、硫酸锌、硫酸锰、碘酸钙、氯化钴；二氧化硅（Ⅱ）

武汉泛华生物技术有限公司

许可证编号：饲添（2012）1176
注册地址：湖北省武汉市洪山区鲁巷民院路6号尖东智能花园10-402号
生产地址：湖北省武汉市盘龙城经济开发区佳海都市工业城E区35号

有　效　期：2012年06月11日至2017年06月10日
发证日期：2012－06－11
产品名称：酸度调节剂（Ⅱ）：乳酸、柠檬酸、磷酸；调味剂和香料（Ⅱ）：糖精钠、食品用香料；寡糖（Ⅱ）：甘露寡糖

武汉博世达科技开发有限公司

许可证编号：饲添（2012）3145
注册地址：湖北省武汉市洪山区珞狮路507号南湖山庄半岛花园17栋1单元2层4室
生产地址：湖北省武汉市东湖高新技术开发区左岭友谊路258号
有　效　期：2012年06月11日至2017年06月10日
发证日期：2012－06－11
产品名称：微生物（Ⅱ）：枯草芽孢杆菌、粪肠球菌

武汉新华扬生物股份有限公司

许可证编号：饲添（2012）0429
注册地址：湖北省武汉市东湖新技术开发区凌家山南路5号
生产地址：湖北省武汉市东湖新技术开发区凌家山南路5号
有　效　期：2012年04月17日至2017年04月16日
发证日期：2012－04－17
产品名称：酶制剂（Ⅰ）（Ⅱ）：淀粉酶（产自黑曲霉）、α-半乳糖苷酶（产自黑曲霉）、β-葡聚糖酶（产自枯草芽孢杆菌）、葡萄糖氧化酶（产自特异青霉）、脂肪酶（产自黑曲霉）、麦芽糖酶（产自枯草芽孢杆菌）、甘露聚糖酶（产自迟缓芽孢杆菌）、果胶酶（产自黑曲霉）、植酸酶（产自黑曲霉）、蛋白酶（产自黑曲霉）、木聚糖酶（产自长柄木霉）

武汉索尔生物科技有限公司

许可证编号：饲添（2012）3120
注册地址：武汉市东湖新技术开发区关山二路特一号国际企业中心祥云楼601－2
生产地址：武汉市东湖新技术开发区神墩一路199号山川生物园内
有　效　期：2012年04月17日至2017年04月16日
发证日期：2012－04－17
产品名称：酸度调节剂（Ⅱ）：甲酸、乳酸、柠檬酸、磷酸

武汉多宝微生物技术有限公司

许可证编号：饲添（2012）3112
注册地址：湖北省武汉东湖开发区关东园路2－2号光谷国际商会大厦B单元12层05号
生产地址：湖北省武汉市黄陂区武湖农场45师后勤基地
有　效　期：2012年04月17日至2017年04月16日
发证日期：2012－04－17
产品名称：微生物（Ⅱ）：枯草芽孢杆菌、产朊假丝酵母

湖北泱盛生物科技有限公司

许可证编号：饲添（2012）3072
注册地址：湖北省应城市城南经济开发区横一路
生产地址：湖北省应城市城南经济开发区横一路
有　效　期：2012年01月13日至2017年01月12日
发证日期：2012－01－13
产品名称：微生物（Ⅰ）（Ⅱ）：枯草芽孢杆菌

安琪酵母股份有限公司

许可证编号：饲添（2012）1003
注册地址：湖北省宜昌市中南路24号
生产地址：湖北省宜昌市中南路24号
有　效　期：2012年03月07日至2017年03月06日
发证日期：2012－03－07
产品名称：矿物元素（Ⅰ）：酵母硒；微生物（Ⅰ）：枯草芽孢杆菌、酿酒酵母；甘露寡糖（Ⅰ）

钟祥市德富化工厂

许可证编号：饲添（2012）3088
注册地址：湖北省钟祥市胡集镇金山村
生产地址：湖北省钟祥市胡集镇大峪口矿区
有　效　期：2012年03月07日至2017年03月06日
发证日期：2012－03－07
产品名称：矿物元素（Ⅰ）：磷酸二氢钙

湖　南　省

株洲金程实业有限公司

许可证编号：饲添（2012）2347
注册地址：湖南省株洲市石峰区清水塘
生产地址：湖南省株洲市石峰区清水塘
有　效　期：2012年12月18日至2017年12月17日
发证日期：2012－12－18
产品名称：矿物元素（Ⅰ）：氧化锌、硫酸锌

湖南泰谷生物兽药有限公司

许可证编号：饲添（2012）2589
注 册 地 址：湖南省长沙市隆平高科技园
生 产 地 址：湖南省长沙国家生物产业基地
有　效　期：2012 年 10 月 17 日至 2017 年 10 月 16 日
发 证 日 期：2012－10－17
产 品 名 称：微生物（Ⅰ）（Ⅱ）：枯草芽孢杆菌、粪肠球菌、乳酸肠球菌、嗜酸乳杆菌、干酪乳杆菌、植物乳杆菌、产朊假丝酵母、酿酒酵母、沼泽红假单胞菌、保加利亚乳杆菌

长沙拜特生物科技研究所有限公司

许可证编号：饲添（2012）2182
注 册 地 址：湖南省宁乡经济技术开发区创业大道
生 产 地 址：湖南省宁乡经济技术开发区创业大道
有　效　期：2012 年 10 月 17 日至 2017 年 10 月 16 日
发 证 日 期：2012－10－17
产 品 名 称：防霉剂（Ⅱ）：丙酸钙

泸溪县经达化工有限公司

许可证编号：饲添（2012）2263
注 册 地 址：湖南省泸溪县武溪镇
生 产 地 址：湖南省泸溪县武溪镇工业园
有　效　期：2012 年 09 月 03 日至 2017 年 09 月 02 日
发 证 日 期：2012－09－03
产 品 名 称：矿物元素（Ⅰ）：硫酸锌

株洲市芦淞区大围山饲料原料厂

许可证编号：饲添（2012）0284
注 册 地 址：湖南省株洲市芦淞区白关镇天伏村
生 产 地 址：湖南省株洲市芦淞区白关镇天伏村
有　效　期：2012 年 09 月 03 日至 2017 年 09 月 02 日
发 证 日 期：2012－09－03
产 品 名 称：矿物元素（Ⅰ）：硫酸亚铁、硫酸铜；碱式氯化铜（Ⅰ）

株洲市霞湾绿环有限公司

许可证编号：饲添（2012）3260
注 册 地 址：湖南省株洲市石峰区霞湾村
生 产 地 址：湖南省株洲市石峰区霞湾村
有　效　期：2012 年 12 月 18 日至 2017 年 12 月 17 日
发 证 日 期：2012－12－18
产 品 名 称：矿物元素（Ⅰ）：氧化锌、碘化钾、氯化钴；矿物元素（Ⅱ）：硫酸镁、硫酸亚铁、硫酸铜、硫酸锌、硫酸锰

湖南金田锌业有限公司

许可证编号：饲添（2012）2306
注 册 地 址：湖南省株洲市茶陵县平水镇石宝工业园
生 产 地 址：湖南省株洲市茶陵县平水镇石宝工业园
有　效　期：2012 年 09 月 03 日至 2017 年 09 月 02 日
发 证 日 期：2012－09－03
产 品 名 称：矿物元素（Ⅰ）：硫酸锌

衡阳市珠晖区京成天宝饲料厂

许可证编号：饲添（2012）1032
注 册 地 址：湖南省衡阳市珠晖区江东村龙泉寺
生 产 地 址：湖南省衡阳市珠晖区江东村龙泉寺
有　效　期：2012 年 06 月 11 日至 2017 年 06 月 10 日
发 证 日 期：2012－06－11
产 品 名 称：矿物元素（Ⅰ）：硫酸镁、氧化镁、硫酸铜；矿物元素（Ⅱ）：硫酸亚铁、碘化钾、碘酸钙、氯化钴、亚硒酸钠

海盐调味品（福州）有限公司津市分公司

许可证编号：饲添（2012）3168
注 册 地 址：湖南省湘澧盐化有限责任公司内
生 产 地 址：湖南省津市市盐矿路湘澧盐化有限责任公司内
有　效　期：2012 年 06 月 11 日至 2017 年 06 月 10 日
发 证 日 期：2012－06－11
产 品 名 称：矿物元素（Ⅰ）：氯化钠；调味剂（Ⅱ）：谷氨酸钠、食品用香料

郴州金怡泰锰业有限公司

许可证编号：饲添（2012）3159
注 册 地 址：湖南省郴州市桂阳县共和农场
生 产 地 址：湖南省郴州市桂阳县共和农场
有　效　期：2012 年 06 月 11 日至 2017 年 06 月 10 日
发 证 日 期：2012－06－11
产 品 名 称：矿物元素（Ⅰ）：硫酸锰

湘潭市雨湖区响水饲料原料厂

许可证编号：饲添（2012）2307
注 册 地 址：湖南省湘潭市雨湖区响水乡公塘村
生 产 地 址：湖南省湘潭市雨湖区响水乡公塘村
有　效　期：2012 年 07 月 09 日至 2017 年 07 月 08 日
发 证 日 期：2012－07－09
产 品 名 称：矿物元素（Ⅱ）：磷酸氢钙、硫酸亚铁、硫酸铜、硫酸锌

衡阳天信化工实业有限公司

许可证编号：饲添（2012）1220
注 册 地 址：湖南省衡阳市金果路 14 号
生 产 地 址：湖南省衡阳市五一路 180 号（衡阳化工总厂内）
有　效　期：2012 年 07 月 09 日至 2017 年 07 月 08 日

发 证 日 期：2012－07－09
产 品 名 称：矿物元素（Ⅱ）：硫酸亚铁

湖南尤特尔生化有限公司

许可证编号：饲添（2012）1062
注 册 地 址：湖南省岳阳市云溪区云溪工业园
生 产 地 址：湖南省岳阳市云溪区云溪工业园
有 效 期：2012年06月11日至2017年06月10日
发 证 日 期：2012－06－11
产 品 名 称：酶制剂（Ⅰ）：淀粉酶（产自黑曲霉）、α-半乳糖苷酶（产自黑曲霉）、纤维素酶（产自长柄木霉）、β-葡聚糖酶（产自黑曲霉）、脂肪酶（产自黑曲霉）、甘露聚糖酶（产自迟缓芽孢杆菌）、果胶酶（产自黑曲霉）、植酸酶（产自黑曲霉）、蛋白酶（产自黑曲霉）、木聚糖酶（产自米曲霉）；酶制剂（Ⅱ）：淀粉酶、α-半乳糖苷酶、纤维素酶、β-葡聚糖酶、甘露聚糖酶、蛋白酶、木聚糖酶

湖南润邦生物工程有限公司

许可证编号：饲添（2012）2183
注 册 地 址：湖南省宁乡县夏铎铺六度庵村
生 产 地 址：湖南省宁乡县夏铎铺六度庵村
有 效 期：2012年06月11日至2017年06月10日
发 证 日 期：2012－06－11
产 品 名 称：微生物（Ⅰ）（Ⅱ）：枯草芽孢杆菌、产朊假丝酵母

湖南经仕集团实业有限公司

许可证编号：饲添（2012）1342
注 册 地 址：湖南省株洲市石峰区响石西路
生 产 地 址：湖南省株洲市石峰区响石西路
有 效 期：2012年06月11日至2017年06月10日
发 证 日 期：2012－06－11
产 品 名 称：矿物元素（Ⅰ）：硫酸锌

长沙县黄兴镇奇世饲料颗粒加工厂

许可证编号：饲添（2012）1214
注 册 地 址：湖南省长沙市长沙县黄兴镇沿江山村下新屋组
生 产 地 址：湖南省长沙市长沙县黄兴镇沿江山村下新屋组
有 效 期：2012年07月09日至2017年07月08日
发 证 日 期：2012－07－09
产 品 名 称：矿物元素（Ⅱ）：硫酸亚铁、硫酸锌、硫酸锰

湖南省永达锰业有限公司

许可证编号：饲添（2012）3121
注 册 地 址：湖南省永州市零陵区南津南路322号
生 产 地 址：湖南省永州市零陵区南津南路322号
有 效 期：2012年04月17日至2017年04月16日
发 证 日 期：2012－04－17
产 品 名 称：矿物元素（Ⅰ）：硫酸锰

株洲市鑫湘饲料添加剂有限公司

许可证编号：饲添（2012）0277
注 册 地 址：湖南省株洲市石峰区荷花村
生 产 地 址：湖南省株洲市石峰区荷花村
有 效 期：2012年03月07日至2017年03月06日
发 证 日 期：2012－03－07
产 品 名 称：矿物元素（Ⅱ）：硫酸铜、氧化锌

湖南中成化工有限公司

许可证编号：饲添（2012）0996
注 册 地 址：湖南省株洲市石峰区湘珠路216号
生 产 地 址：湖南省株洲市石峰区湘珠路
有 效 期：2012年03月07日至2017年03月06日
发 证 日 期：2012－03－07
产 品 名 称：矿物元素（Ⅰ）：氧化锌

岳阳市云溪区文桥化学助剂厂添加剂分厂

许可证编号：饲添（2012）3083
注 册 地 址：湖南省岳阳市云溪区文桥镇
生 产 地 址：湖南省岳阳市云溪区文桥镇
有 效 期：2012年03月07日至2017年03月06日
发 证 日 期：2012－03－07
产 品 名 称：矿物元素（Ⅰ）：磷酸氢钙

桂阳杰鹏金牧发展有限公司

许可证编号：饲添（2012）2212
注 册 地 址：湖南省桂阳县黄沙坪镇周台村
生 产 地 址：湖南省桂阳县黄沙坪镇工业小区
有 效 期：2012年03月07日至2017年03月06日
发 证 日 期：2012－03－07
产 品 名 称：矿物元素（Ⅰ）：硫酸镁、硫酸铜、硫酸锌、硫酸锰

株洲智荟生物科技有限公司

许可证编号：饲添（2012）2210
注 册 地 址：湖南省株洲市天元区栗雨工业区
生 产 地 址：湖南省株洲市天元区栗雨工业区
有 效 期：2012年01月13日至2017年01月12日
发 证 日 期：2012－01－13
产 品 名 称：微生物（Ⅱ）：枯草芽孢杆菌

岳阳亚王精细化工有限公司

许可证编号：饲添（2012）3080
注 册 地 址：湖南省岳阳市云溪区工业园

生产地址：湖南省岳阳市云溪区工业园
有效期：2012年03月07日至2017年03月06日
发证日期：2012-03-07
产品名称：维生素（Ⅰ）：L-肉碱、L-肉碱盐酸盐

衡阳市力泓化工实业有限公司

许可证编号：饲添（2012）3066
注册地址：衡阳市石鼓区金源街道金源安置区
生产地址：衡阳市松木工业园新安路
有效期：2012年01月13日至2017年01月12日
发证日期：2012-01-13
产品名称：矿物元素（Ⅰ）：硫酸锌、氧化锌

湖南省五季风生物科技有限责任公司

许可证编号：饲添（2012）3084
注册地址：湖南省长沙市宁乡金洲新区澳洲路068号（恩吉创业园）
生产地址：湖南省长沙市宁乡金洲新区澳洲路068号（恩吉创业园）
有效期：2012年03月07日至2017年03月06日
发证日期：2012-03-07
产品名称：苜草素（Ⅰ）（Ⅱ）；杜仲叶提取物（Ⅰ）（Ⅱ）

广东省

广东瑞生科技有限公司

许可证编号：饲添（2012）2285
注册地址：广东省茂名市电白县水东镇三角圩广湛路88号
生产地址：广东省茂名市电白县水东镇三角圩广湛路88号
有效期：2012年10月17日至2017年10月16日
发证日期：2012-10-17
产品名称：抗氧化剂（Ⅱ）：乙氧基喹啉、没食子酸丙酯；防霉剂（Ⅱ）：丙酸、丙酸铵；酸度调节剂（Ⅱ）：乳酸、柠檬酸、磷酸；调味剂和香料（Ⅱ）：糖精钠、谷氨酸钠、食品用香料

广东广牧动物保健品有限公司

许可证编号：饲添（2012）2332
注册地址：广东省广州市白云区竹料雄伟联社庄园路8号
生产地址：广东省广州市白云区竹料雄伟联社庄园路8号
有效期：2012年10月17日至2017年10月16日
发证日期：2012-10-17
产品名称：酶制剂（Ⅱ）：淀粉酶、蛋白酶；微生物（Ⅱ）：枯草芽孢杆菌、嗜酸乳杆菌；防霉剂（Ⅱ）：丙酸、山梨酸

珠海市康益达生物科技有限公司

许可证编号：饲添（2012）2334
注册地址：广东省珠海市金海岸大道（金海岸生物科技园）15号
生产地址：广东省珠海市金海岸大道（金海岸生物科技园）15号
有效期：2012年12月18日至2017年12月17日
发证日期：2012-12-18
产品名称：氨基酸（Ⅱ）：DL-蛋氨酸；维生素（Ⅱ）：维生素A、维生素D_3；微生物（Ⅱ）：枯草芽孢杆菌、粪肠球菌、嗜酸乳杆菌、酿酒酵母、沼泽红假单胞菌；着色剂（Ⅱ）：天然叶黄素；调味剂和香料（Ⅱ）：糖精钠、谷氨酸钠、食品用香料；多糖和寡糖（Ⅱ）：低聚壳聚糖、果寡糖、甘露寡糖；大蒜素（Ⅱ）

科金（珠海）生物科技有限公司

许可证编号：饲添（2012）2331
注册地址：广东省珠海市金湾区三灶琴石工业区
生产地址：广东省珠海市金湾区三灶琴石工业区
有效期：2012年12月18日至2017年12月17日
发证日期：2012-12-18
产品名称：防霉剂（Ⅱ）：乙酸、丙酸、苯甲酸、山梨酸

广东省天宝生物制药有限公司

许可证编号：饲添（2012）2272
注册地址：广东省郁南县都城镇十二岭开发区
生产地址：广东省郁南县都城镇十二岭开发区
有效期：2012年10月17日至2017年10月16日
发证日期：2012-10-17
产品名称：大蒜素（Ⅰ）（Ⅱ）

广州立达尔生物科技股份有限公司

许可证编号：饲添（2012）0888
注册地址：广东省广州市高新技术产业开发区科学城科学大道182号C2区第三屋302单元
生产地址：广东省广州市萝岗区骏成路16号
有效期：2012年10月17日至2017年10月16日
发证日期：2012-10-17

产 品 名 称：维生素（Ⅱ）：L-肉碱盐酸盐；矿物元素（Ⅱ）：富马酸亚铁、氧化锰；抗氧化剂（Ⅱ）：乙氧基喹啉、二丁基羟基甲苯；防霉剂（Ⅱ）：丙酸钙；酸度调节剂（Ⅱ）：丁酸钠、乳酸；着色剂（Ⅱ）：β-胡萝卜素、辣椒红、β，β-胡萝卜素-4，4-二酮（斑蝥黄）、天然叶黄素、虾青素；调味剂（Ⅱ）：糖精钠

广州市华元生物科技有限公司

许可证编号：饲添（2012）3223
注 册 地 址：广东省广州市海珠区荔福路68-70号自编2号楼一楼自编101房
生 产 地 址：广东省广州市海珠区荔福路68-70号自编2号楼一楼自编101房
有 效 期：2012年09月03日至2017年09月02日
发 证 日 期：2012-09-03
产 品 名 称：微生物（Ⅰ）：枯草芽孢杆菌、嗜酸乳杆菌、植物乳杆菌、产朊假丝酵母

广州市天王农牧发展有限公司

许可证编号：饲添（2012）3224
注 册 地 址：广东省广州市花都区新华镇107国道华海工业区
生 产 地 址：广东省广州市花都区新华镇107国道华海工业区
有 效 期：2012年09月03日至2017年09月02日
发 证 日 期：2012-09-03
产 品 名 称：微生物（Ⅱ）：枯草芽孢杆菌、嗜酸乳杆菌、酿酒酵母

广州市大江饲料有限公司

许可证编号：饲添（2012）2215
注 册 地 址：广东省广州市白云区太和镇龙归南村第五经济合作社
生 产 地 址：广东省广州市白云区太和镇龙归南村第五经济合作社
有 效 期：2012年09月03日至2017年09月02日
发 证 日 期：2012-09-03
产 品 名 称：维生素（Ⅱ）：维生素C；调味剂（Ⅱ）：谷氨酸钠

广东宏隆生物科技有限公司

许可证编号：饲添（2012）3214
注 册 地 址：广东省佛山市顺德区勒流镇众裕路裕冲工业区
生 产 地 址：广东省佛山市顺德区勒流镇众裕路裕冲工业区
有 效 期：2012年09月03日至2017年09月02日
发 证 日 期：2012-09-03
产 品 名 称：微生物（Ⅰ）：沼泽红假单胞菌

肇庆博正科技有限公司

许可证编号：饲添（2012）3185
注 册 地 址：广东省肇庆市高要市新桥镇湾边村开发区
生 产 地 址：广东省肇庆市高要市新桥镇湾边村开发区
有 效 期：2012年07月09日至2017年07月08日
发 证 日 期：2012-07-09
产 品 名 称：调味剂和香料（Ⅱ）：糖精钠、食品用香料

广州市萝岗联丰饲料材料有限公司

许可证编号：饲添（2012）1099
注 册 地 址：广东省广州经济技术开发区萝岗长岭路段18号
生 产 地 址：广东省广州经济技术开发区萝岗长岭路段18号
有 效 期：2012年07月09日至2017年07月08日
发 证 日 期：2012-07-09
产 品 名 称：矿物元素（Ⅰ）：硫酸铜、硫酸钴；矿物元素（Ⅱ）：硫酸锰、硫酸锌、硫酸亚铁、碘酸钙、亚硒酸钠、氯化钴

广州三泓实业有限公司

许可证编号：饲添（2012）1136
注 册 地 址：广东省广州市天河区柯木塱广东省良种繁育中心内
生 产 地 址：广东省广州市天河区柯木塱广东省良种繁育中心内
有 效 期：2012年07月09日至2017年07月08日
发 证 日 期：2012-07-09
产 品 名 称：矿物元素（Ⅱ）：富马酸亚铁、吡啶甲酸铬；防腐剂（Ⅱ）：丙酸；富马酸（Ⅱ）；调味剂和香料（Ⅱ）：糖精钠、食品用香料；大蒜素（Ⅱ）

广州市和生堂生物科技有限公司

许可证编号：饲添（2012）2310
注 册 地 址：广东省广州市白云区竹料镇东凤北路4号
生 产 地 址：广东省广州市白云区竹料镇东凤北路4号
有 效 期：2012年06月11日至2017年06月10日
发 证 日 期：2012-06-11
产 品 名 称：微生物（Ⅱ）：枯草芽孢杆菌、植物乳杆菌；大蒜素（Ⅱ）

广州市利健药业有限公司

许可证编号：饲添（2012）2280
注 册 地 址：广东省广州市白云区江高镇蓼江村江石路2号
生 产 地 址：广东省广州市白云区江高镇蓼江村江石路2号
有 效 期：2012年07月09日至2017年07月08日
发 证 日 期：2012-07-09

产 品 名 称：维生素（Ⅱ）：维生素 C、L-抗坏血酸-2-磷酸酯；微生物（Ⅱ）：枯草芽孢杆菌；多糖和寡糖（Ⅱ）：果寡糖

广州正和生物科技有限公司

许可证编号：饲添（2012）2311
注 册 地 址：广东省广州市天河区天府路 239-257 号 305 号之 3 房
生 产 地 址：广东省广州市增城市中新镇平中公路自编 1 号
有 效 期：2012 年 07 月 09 日至 2017 年 07 月 08 日
发 证 日 期：2012-07-09
产 品 名 称：矿物元素（Ⅱ）：吡啶甲酸铬；抗结块剂（Ⅱ）：三氧化二铝、二氧化硅；半胱胺盐酸盐（Ⅱ）

鹤山市南华动物药业有限公司

许可证编号：饲添（2012）3187
注 册 地 址：广东省江门市鹤山市沙坪镇人民西路 16 号之三
生 产 地 址：广东省江门市鹤山市沙坪镇人民西路 16 号之三
有 效 期：2012 年 07 月 09 日至 2017 年 07 月 08 日
发 证 日 期：2012-07-09
产 品 名 称：维生素（Ⅱ）：维生素 C、维生素 E；防霉剂（Ⅱ）：丙酸；酸度调节剂（Ⅱ）：丙酸、乳酸、富马酸、柠檬酸

广东省前沿动物保健有限公司

许可证编号：饲添（2012）1135
注 册 地 址：广东省广州市白云区钟落潭省农科院白云基地内
生 产 地 址：广东省广州市白云区钟落潭省农科院白云基地内
有 效 期：2012 年 07 月 09 日至 2017 年 07 月 08 日
发 证 日 期：2012-07-09
产 品 名 称：矿物元素（Ⅱ）：富马酸亚铁；微生物（Ⅱ）：嗜酸乳杆菌

江门市天成生物科技有限公司

许可证编号：饲添（2012）3228
注 册 地 址：广东省江门市蓬江区棠下镇周郡海滩围工业区 41 号之七
生 产 地 址：广东省江门市蓬江区棠下镇周郡海滩围工业区 41 号之七
有 效 期：2012 年 10 月 17 日至 2017 年 10 月 16 日
发 证 日 期：2012-10-17
产 品 名 称：酶制剂（Ⅱ）：纤维素酶、β-葡聚糖酶、蛋白酶

卜蜂水产（阳江）有限公司

许可证编号：饲添（2012）3184
注 册 地 址：广东省阳江市江城区银岭工业园 B8 区
生 产 地 址：广东省阳江市白沙银岭工业园
有 效 期：2012 年 07 月 09 日至 2017 年 07 月 08 日
发 证 日 期：2012-07-09
产 品 名 称：微生物（Ⅰ）（Ⅱ）：枯草芽孢杆菌、沼泽红假单胞菌

广州中琦硅业有限公司

许可证编号：饲添（2012）3186
注 册 地 址：广东省广州市增城新塘镇官湖村二社（宅村）
生 产 地 址：广东省广州市增城新塘镇官湖村二社（宅村）
有 效 期：2012 年 07 月 09 日至 2017 年 07 月 08 日
发 证 日 期：2012-07-09
产 品 名 称：二氧化硅（Ⅱ）

佛山市正典生物技术有限公司

许可证编号：饲添（2012）3139
注 册 地 址：广东省佛山市三水区乐平镇范湖桂花街 2 号
生 产 地 址：广东省佛山市三水区乐平镇范湖桂花街 2 号
有 效 期：2012 年 06 月 11 日至 2017 年 06 月 10 日
发 证 日 期：2012-06-11
产 品 名 称：酸度调节剂；（Ⅱ）：甲酸、乙酸、丙酸钠、柠檬酸；溶菌酶（Ⅱ）

广州至圣饲料有限公司

许可证编号：饲添（2012）2658
注 册 地 址：广东省广州市花都区赤坭镇矛竹脚 12 号之二
生 产 地 址：广东省广州市花都区赤坭镇矛竹脚 12 号之二
有 效 期：2012 年 06 月 11 日至 2017 年 06 月 10 日
发 证 日 期：2012-06-11
产 品 名 称：防霉剂（Ⅱ）：双乙酸钠、丙酸钙

深圳市永鲜宝实业有限公司

许可证编号：饲添（2012）3147
注 册 地 址：广东省深圳市宝安区石岩街道石新社区山城工业区 2 栋办公楼 1 楼
生 产 地 址：广东省深圳市宝安区石岩街道石新社区山城工业区 8 号仓
有 效 期：2012 年 06 月 11 日至 2017 年 06 月 10 日
发 证 日 期：2012-06-11
产 品 名 称：防霉剂（Ⅱ）：丙酸、丙酸铵、苯甲酸

广州格雷特生物科技有限公司

许可证编号：饲添（2012）3146
注 册 地 址：广东省广州经济技术开发区创业路 1 号
生 产 地 址：广东省广州经济技术开发区创业路 1 号

有 效 期：2012年06月11日至2017年06月10日
发证日期：2012-06-11
产品名称：着色剂；（Ⅱ）：β，β-胡萝卜素-4，4-二酮（斑蝥黄）、叶黄素

深圳东江华瑞科技有限公司

许可证编号：饲添（2012）2101
注册地址：广东省深圳市宝安区沙井街道共和第五工业区东江环保厂房7栋一、二层
生产地址：广东省深圳市宝安区沙井街道共和第五工业区东江环保厂房7栋一、二层
有 效 期：2012年06月11日至2017年06月10日
发证日期：2012-06-11
产品名称：碱式氯化铜（α-晶型）（Ⅰ）

广东绿生源饲料科技有限公司

许可证编号：饲添（2012）1375
注册地址：广东省广州市白云区钟落潭镇良田村良园东路3号
生产地址：广东省广州市白云区钟落潭镇良田村良园东路3号
有 效 期：2012年06月11日至2017年06月10日
发证日期：2012-06-11
产品名称：酸度调节剂（Ⅱ）：甲酸、甲酸钙、乙酸、丙酸、丙酸铵、丁酸钠、乳酸、富马酸、柠檬酸、磷酸、氯化钾

翁源县新南都饲料科技有限公司

许可证编号：饲添（2012）3138
注册地址：广东省韶关市翁源县官渡经济开发区
生产地址：广东省韶关市翁源县官渡经济开发区利龙工业园
有 效 期：2012年06月11日至2017年06月10日
发证日期：2012-06-11
产品名称：矿物元素及其络（螯）合物（Ⅰ）：富马酸亚铁、蛋氨酸铜络（螯）合物、蛋氨酸铁络（螯）合物、蛋氨酸锰络（螯）合物、蛋氨酸锌络（螯）合物、赖氨酸铜络（螯）合物、赖氨酸锌络（螯）合物、甘氨酸铜络（螯）合物、甘氨酸铁络（螯）合物发

广州东荣天然色素有限公司

许可证编号：饲添（2012）0734
注册地址：广东省广州市番禺区东涌镇鱼窝头村工业区
生产地址：广东省广州市番禺区东涌镇鱼窝头村工业区
有 效 期：2012年06月11日至2017年06月10日
发证日期：2012-06-11
产品名称：着色剂（Ⅱ）：天然叶黄素、辣椒红

东莞市天盛生物科技有限公司

许可证编号：饲添（2012）3114
注册地址：广东省东莞市常平镇黄泥塘工业大道一号
生产地址：广东省东莞市常平镇黄泥塘工业大道一号
有 效 期：2012年04月17日至2017年04月16日
发证日期：2012-04-17
产品名称：侧孢芽孢杆菌（Ⅰ）

广州市致善生物科技有限公司

许可证编号：饲添（2012）3111
注册地址：广东省广州市白云区钟落潭镇红旗中心路70号之二
生产地址：广东省广州市白云区钟落潭镇金盆村十社伟达工业区自编2号
有 效 期：2012年04月17日至2017年04月16日
发证日期：2012-04-17
产品名称：矿物元素（Ⅱ）：吡啶甲酸铬；抗氧化剂（Ⅱ）：乙氧基喹啉、二丁基羟基甲苯；调味剂（Ⅱ）：糖精钠；半胱胺盐酸盐（Ⅱ）

广州广佳生物科技有限公司

许可证编号：饲添（2012）2858
注册地址：广东省广州市天河区新塘村横圳八社工业园10号一楼
生产地址：广东省广州市天河区新塘村横圳八社工业园10号一楼
有 效 期：2012年03月07日至2017年03月06日
发证日期：2012-03-07
产品名称：矿物元素（Ⅱ）：硫酸铜、硫酸锰；大蒜素（Ⅱ）

广州先至饲料添加剂有限公司

许可证编号：饲添（2012）3086
注册地址：广东省广州高新技术产业开发区科学城揽月路3号广州国际企业孵化器F区F522号房
生产地址：广东省广州高新技术产业开发区科学城南云五路11号光正物流工业园厂房B402号
有 效 期：2012年03月07日至2017年03月06日
发证日期：2012-03-07
产品名称：氨基酸（Ⅱ）：牛磺酸；维生素（Ⅱ）：L-肉碱；矿物元素（Ⅱ）：氧化锌；酸度调节剂（Ⅱ）：柠檬酸；着色剂（Ⅱ）：β-胡萝卜素；调味剂和香料（Ⅱ）：糖精钠、谷氨酸钠、食品用香料；寡糖（Ⅱ）：甘露寡糖；大蒜素（Ⅱ）

广州英赛特生物技术有限公司

许可证编号：饲添（2012）3075
注册地址：广东省广州高新技术产业开发区科学城掬泉路

3号广州国际企业孵化器D区415号
生产地址：广东省广州高新技术产业开发区科学城南云五路11号光正物流工业园厂房B401号
有效期：2012年01月13日至2017年01月12日
发证日期：2012-01-13
产品名称：调味剂和香料（Ⅱ）：糖精钠、谷氨酸钠、食品用香料；多糖和寡糖（Ⅱ）：低聚壳聚糖

广州益牲宝动物药业有限公司
许可证编号：饲添（2012）2110
注册地址：广东省广州市花都区炭步镇工业园
生产地址：广东省广州市花都区炭步镇工业园
有效期：2012年01月13日至2017年01月12日
发证日期：2012-01-13
产品名称：维生素（Ⅱ）：维生素E；微生物（Ⅱ）：枯草芽孢杆菌、酿酒酵母；甜菜碱盐酸盐（Ⅱ）

广东正大康地动物保健有限公司
许可证编号：饲添（2012）1122
注册地址：广东省增城市东区高科技工业园纬五路
生产地址：广东省增城市东区高科技工业园纬五路
有效期：2012年01月13日至2017年01月12日
发证日期：2012-01-13
产品名称：防霉剂（Ⅱ）：甲酸钙、双乙酸钠、丙酸钙；酸度调节剂（Ⅱ）：乳酸、磷酸；调味剂和香料（Ⅱ）：糖精钠、食品用香料

广西壮族自治区

安琪酵母（崇左）有限公司
许可证编号：饲添（2012）3263
注册地址：广西壮族自治区崇左市城市工业区渠珠大道2号
生产地址：广西壮族自治区崇左市城市工业区渠珠大道2号
有效期：2012年12月18日至2017年12月17日
发证日期：2012-12-18
产品名称：矿物元素（Ⅰ）：酵母硒；微生物（Ⅰ）：酿酒酵母；多糖和寡糖（Ⅰ）：甘露寡糖

广西藤县永丰化工制品有限公司
许可证编号：饲添（2012）3238
注册地址：广西壮族自治区梧州市藤县濛江镇
生产地址：广西壮族自治区梧州市藤县濛江镇
有效期：2012年10月17日至2017年10月16日
发证日期：2012-10-17
产品名称：矿物元素（Ⅰ）：硫酸锰；矿物元素（Ⅱ）：硫酸亚铁

南宁泰联淀粉有限公司
许可证编号：饲添（2012）2312
注册地址：广西壮族自治区南宁市—东盟经济开发区宝源北路8号
生产地址：广西壮族自治区南宁市—东盟经济开发区宝源北路8号
有效期：2012年10月17日至2017年10月16日
发证日期：2012-10-17
产品名称：α-淀粉（Ⅰ）

广西南宁润农饲料有限责任公司
许可证编号：饲添（2012）2800
注册地址：广西壮族自治区南宁市邕武公路罗伞岭
生产地址：广西壮族自治区南宁市武鸣县太平镇庆乐村旁
有效期：2012年10月17日至2017年10月16日
发证日期：2012-10-17
产品名称：矿物元素（Ⅰ）：硫酸锌

广西隆安银丰淀粉有限公司
许可证编号：饲添（2012）3236
注册地址：广西壮族自治区南宁市隆安县华桥管理区富华路7号
生产地址：广西壮族自治区南宁市隆安县华桥管理区富华路7号
有效期：2012年10月17日至2017年10月16日
发证日期：2012-10-17
产品名称：α-淀粉（Ⅰ）

广西武鸣泰源食品有限公司
许可证编号：饲添（2012）2085
注册地址：广西壮族自治区南宁市伊岭经济技术开发园区内
生产地址：广西壮族自治区南宁市伊岭经济技术开发园区内
有效期：2012年07月09日至2017年07月08日
发证日期：2012-07-09
产品名称：α-淀粉（Ⅰ）

南宁市泽威尔饲料有限责任公司

许可证编号：饲添（2012）2146
注 册 地 址：广西壮族自治区南宁市良庆区亮岭路6号
生 产 地 址：广西壮族自治区南宁市良庆区亮岭路6号
有 效 期：2012年04月17日至2017年04月16日
发 证 日 期：2012-04-17
产 品 名 称：矿物元素及其络（螯）合物（Ⅰ）：富马酸亚铁、蛋氨酸铜络（螯）合物、蛋氨酸铁络（螯）合物、蛋氨酸锰络（螯）合物、蛋氨酸锌络（螯）合物、甘氨酸铁络（螯）合物；矿物元素（Ⅱ）：硫酸亚铁、硫酸铜、硫酸锌、硫酸锰；柠檬酸钙（Ⅰ）

中粮油脂（钦州）有限公司

许可证编号：饲添（2012）3154
注 册 地 址：广西壮族自治区钦州市钦州港经济技术开发区建港路39号
生 产 地 址：广西壮族自治区钦州市钦州港经济技术开发区建港路39号
有 效 期：2012年06月11日至2017年06月10日
发 证 日 期：2012-06-11
产 品 名 称：大豆磷脂（Ⅰ）

钦州怡丰蓝天化工有限公司

许可证编号：饲添（2012）3155
注 册 地 址：广西壮族自治区钦州市平吉镇原五七中学旧址
生 产 地 址：广西壮族自治区钦州市平吉镇原五七中学旧址
有 效 期：2012年06月11日至2017年06月10日
发 证 日 期：2012-06-11
产 品 名 称：矿物元素（Ⅰ）：硫酸锰

广西百色华侨实业有限责任公司淀粉厂

许可证编号：饲添（2012）3156
注 册 地 址：广西壮族自治区百色市田阳县二塘街
生 产 地 址：广西壮族自治区百色市田阳县二塘街
有 效 期：2012年06月11日至2017年06月10日
发 证 日 期：2012-06-11
产 品 名 称：α-淀粉（Ⅰ）

南宁华侨投资区华兴变性淀粉有限公司

许可证编号：饲添（2012）2164
注 册 地 址：广西壮族自治区南宁华侨投资区工业路
生 产 地 址：广西壮族自治区南宁华侨投资区工业路
有 效 期：2012年06月11日至2017年06月10日
发 证 日 期：2012-06-11
产 品 名 称：α-淀粉（Ⅰ）

广西湘桂福莱顺酵母有限公司

许可证编号：饲添（2012）3157
注 册 地 址：广西壮族自治区崇左市新和镇（新和华侨经济管理区内）
生 产 地 址：广西壮族自治区崇左市新和镇（新和华侨经济管理区内）
有 效 期：2012年06月11日至2017年06月10日
发 证 日 期：2012-06-11
产 品 名 称：微生物（Ⅰ）：酿酒酵母

中信大锰矿业有限责任公司

许可证编号：饲添（2012）2186
注 册 地 址：广西壮族自治区崇左市石林路
生 产 地 址：广西壮族自治区崇左市大新县下雷镇
有 效 期：2012年06月11日至2017年06月10日
发 证 日 期：2012-06-11
产 品 名 称：矿物元素（Ⅰ）：硫酸锰

桂林微邦生物技术有限公司

许可证编号：饲添（2012）3158
注 册 地 址：广西壮族自治区桂林市国家高新区大学科技园206号
生 产 地 址：广西壮族自治区桂林市荔浦县长岭工业区微邦生物科技园
有 效 期：2012年06月11日至2017年06月10日
发 证 日 期：2012-06-11
产 品 名 称：酶制剂；（Ⅰ）（Ⅱ）：甘露聚糖酶（产自迟缓芽孢杆菌）、木聚糖酶（产自枯草芽孢杆菌）

南宁市百济生物工程有限公司

许可证编号：饲添（2012）3122
注 册 地 址：广西壮族自治区南宁市高新区高新大道东段25号B栋厂房四楼西
生 产 地 址：广西壮族自治区南宁市高新区高新大道东段25号B栋厂房四楼西
有 效 期：2012年04月17日至2017年04月16日
发 证 日 期：2012-04-17
产 品 名 称：杜仲叶提取物（Ⅰ）

广西渤海农业发展有限公司

许可证编号：饲添（2012）3153
注 册 地 址：广西壮族自治区北海市铁山港区兴港镇四号路1号
生 产 地 址：广西壮族自治区北海市铁山港区兴港镇四号路1号
有 效 期：2012年06月11日至2017年06月10日
发 证 日 期：2012-06-11
产 品 名 称：大豆磷脂（Ⅰ）

海 南 省

海南进步创新科技有限公司
许可证编号：饲添（2012）0842
注 册 地 址：海南省海口市海秀大道以南160号金华苑D幢3层E房
生 产 地 址：海南省海口市金盘路12号
有 效 期：2012年01月13日至2017年01月12日
发 证 日 期：2012-01-13
产 品 名 称：维生素（Ⅱ）：维生素A、维生素C、维生素D_3；矿物元素（Ⅱ）：磷酸氢钙

重 庆 市

重庆纳德生物技术有限公司
许可证编号：饲添（2012）3123
注 册 地 址：重庆市北碚区东阳街道东阳村黄土湾社
生 产 地 址：重庆市北碚区东阳街道东阳村黄土湾社
有 效 期：2012年04月17日至2017年04月16日
发 证 日 期：2012-04-17
产 品 名 称：矿物元素及其络（螯）合物（Ⅱ）：甘氨酸铁络合物；抗氧化剂（Ⅱ）：乙氧基喹啉、丁基羟基茴香醚、二丁基羟基甲苯；防腐剂（Ⅱ）：双乙酸钠、丙酸、丙酸钙；酸度调节剂（Ⅱ）：丙酸、乳酸、富马酸、柠檬酸；调味剂和香料（Ⅱ）：糖精钠、谷氨酸钠、食品用香料；大蒜素（Ⅱ）

重庆建峰工业集团有限公司
许可证编号：饲添（2012）3136
注 册 地 址：重庆市涪陵区白涛化工园区
生 产 地 址：重庆市涪陵区白涛化工园区
有 效 期：2012年06月11日至2017年06月10日
发 证 日 期：2012-06-11
产 品 名 称：二氧化硅（Ⅰ）

四 川 省

四川省宜宾五粮液环保产业有限公司
许可证编号：饲添（2012）1105
注 册 地 址：四川省宜宾市岷江西路150号
生 产 地 址：四川省宜宾市翠屏区岷江西路150号
有 效 期：2012年09月03日至2017年09月02日
发 证 日 期：2012-09-03
产 品 名 称：酸度调节剂（Ⅰ）：乳酸；二氧化硅（Ⅰ）

成都康贝尔饲料有限公司
许可证编号：饲添（2012）0776
注 册 地 址：四川省成都市武侯区机投镇九架车村三组60号
生 产 地 址：四川省成都市武侯区机投镇九架车村三组60号
有 效 期：2012年12月18日至2017年12月17日
发 证 日 期：2012-12-18
产 品 名 称：矿物元素（Ⅰ）：富马酸亚铁；矿物元素（Ⅱ）：硫酸镁、硫酸亚铁、硫酸铜、氧化锌、硫酸锌、硫酸锰、碘化钾、碘酸钾、碘酸钙、氯化钴、亚硒酸钠

成都思来泰可生物技术有限公司

许可证编号：饲添（2012）3108
注 册 地 址：四川省成都市温江区成都海峡两岸科技产业开发园科林西路618号
生 产 地 址：四川省成都市温江区成都海峡两岸科技产业开发园科林西路618号
有 效 期：2012年04月17日至2017年04月16日
发 证 日 期：2012-04-17
产 品 名 称：酸度调节剂（Ⅱ）：乳酸、柠檬酸；调味剂和香料（Ⅱ）：糖精钠、食品用香料

四川伯乐福生物科技有限公司

许可证编号：饲添（2012）3118
注 册 地 址：四川省成都市大邑县沙渠镇勤江社区（工业集中发展点）
生 产 地 址：四川省成都市大邑县沙渠镇勤江社区（工业集中发展点）
有 效 期：2012年04月17日至2017年04月16日
发 证 日 期：2012-04-17
产 品 名 称：微生物（Ⅰ）：枯草芽孢杆菌、植物乳杆菌、酿酒酵母

西昌瑞康隆达饲料有限公司

许可证编号：饲添（2012）3078
注 册 地 址：四川省凉山彝族自治州西昌市太和镇
生 产 地 址：四川省凉山彝族自治州西昌市太和镇
有 效 期：2012年01月13日至2017年01月12日
发 证 日 期：2012-01-13
产 品 名 称：矿物元素（Ⅱ）：硫酸亚铁

四川龙蟒磷化工有限公司

许可证编号：饲添（2012）2899
注 册 地 址：四川省绵竹市新市工业开发区（A区）
生 产 地 址：四川省绵竹市新市工业开发区
有 效 期：2012年01月13日至2017年01月12日
发 证 日 期：2012-01-13
产 品 名 称：矿物元素（Ⅰ）：磷酸氢钙

广汉隆达饲料有限公司

许可证编号：饲添（2012）0950
注 册 地 址：四川省广汉市金鱼镇凉水村
生 产 地 址：四川省广汉市金鱼镇凉水村
有 效 期：2012年04月17日至2017年04月16日
发 证 日 期：2012-04-17
产 品 名 称：矿物元素及其络（螯）合物（Ⅰ）：富马酸亚铁、蛋氨酸铜络（螯）合物、蛋氨酸铁络（螯）合物、蛋氨酸锰络（螯）合物、蛋氨酸锌络（螯）合物、甘氨酸铜络（螯）合物、甘氨酸铁络（螯）合物、吡啶甲酸铬；矿物元素（Ⅱ）：磷酸二氢钠、磷酸二氢钾、硫酸镁、氧化镁、硫酸亚铁、硫酸铜、氧化锌、硫酸锌、硫酸锰、碘化钾、碘酸钾、碘酸钙、氯化钴、硫酸钴、亚硒酸钠；甲酸钙（Ⅰ）；氯化钾（Ⅱ）

贵 州 省

福泉市洪亮化工有限责任公司

许可证编号：饲添（2012）2137
注 册 地 址：贵州省福泉市凤山镇甘粑哨村
生 产 地 址：贵州省福泉市凤山镇甘粑哨村
有 效 期：2012年03月07日至2017年03月06日
发 证 日 期：2012-03-07
产 品 名 称：矿物元素（Ⅰ）：磷酸氢钙、磷酸二氢钙

云 南 省

寻甸龙蟒磷化工有限责任公司

许可证编号：饲添（2012）2165
注 册 地 址：云南省寻甸县金所工业区
生 产 地 址：云南省寻甸县金所工业区
有 效 期：2012年04月17日至2017年04月16日
发 证 日 期：2012-04-17
产 品 名 称：矿物元素（Ⅰ）：磷酸氢钙、磷酸二氢钙

禄丰县妥安琅井硭硝厂
许可证编号：饲添（2012）2270
注 册 地 址：云南省楚雄州禄丰县妥安乡
生 产 地 址：云南省楚雄州禄丰县妥安乡琅井
有　效　期：2012年10月17日至2017年10月16日
发 证 日 期：2012-10-17
产 品 名 称：矿物元素（Ⅰ）：硫酸钠

云南新龙矿物质饲料有限公司
许可证编号：饲添（2012）0890
注 册 地 址：云南省昆明市富民县大营镇沙锅村
生 产 地 址：云南省昆明市富民县大营镇沙锅村
有　效　期：2012年06月11日至2017年06月10日
发 证 日 期：2012-06-11
产 品 名 称：矿物元素（Ⅰ）：磷酸氢钙、磷酸二氢钙

昆明川金诺化工股份有限公司
许可证编号：饲添（2012）2219
注 册 地 址：云南省昆明市东川区铜都镇四方地工业园区
生 产 地 址：云南省昆明市东川区铜都镇四方地工业园区
有　效　期：2012年06月11日至2017年06月10日
发 证 日 期：2012-06-11
产 品 名 称：矿物元素（Ⅰ）：磷酸氢钙、磷酸二氢钙

禄丰天宝磷化工有限公司
许可证编号：饲添（2012）3096
注 册 地 址：云南省禄丰县勤丰镇沙龙村
生 产 地 址：云南省禄丰县勤丰镇沙龙村
有　效　期：2012年03月07日至2017年03月06日
发 证 日 期：2012-03-07
产 品 名 称：矿物元素（Ⅰ）：磷酸氢钙、磷酸二氢钙

陕　西　省

杨凌壹之农微生物工程技术研究院有限公司
许可证编号：饲添（2012）3245
注 册 地 址：陕西省杨凌区神农路16号创业园
生 产 地 址：陕西省杨凌区神农路16号创业园
有　效　期：2012年10月17日至2017年10月16日
发 证 日 期：2012-10-17
产 品 名 称：微生物（Ⅰ）：枯草芽孢杆菌、嗜酸乳杆菌、粪肠球菌、屎肠球菌、植物乳杆菌、乳酸片球菌、酿酒酵母；微生物（Ⅱ）：枯草芽孢杆菌、植物乳杆菌、酿酒酵母

西安源业维尔康生物科技有限责任公司
许可证编号：饲添（2012）3226
注 册 地 址：陕西省西安市蓝田县工业园区迎宾路28号
生 产 地 址：陕西省西安市蓝田县工业园区迎宾路28号
有　效　期：2012年09月03日至2017年09月02日
发 证 日 期：2012-09-03
产 品 名 称：微生物（Ⅰ）：枯草芽孢杆菌、嗜酸乳杆菌、酿酒酵母

泾阳赛乐威生物科技有限公司
许可证编号：饲添（2012）3225
注 册 地 址：陕西省咸阳市泾阳县桥底镇
生 产 地 址：陕西省咸阳市泾阳县桥底镇
有　效　期：2012年09月03日至2017年09月02日
发 证 日 期：2012-09-03
产 品 名 称：矿物元素及其络（螯）合物（Ⅰ）：蛋氨酸锌络（螯）合物、甘氨酸铁络（螯）合物

西安青松生物科技有限公司
许可证编号：饲添（2012）3164
注 册 地 址：陕西省西安市经济技术开发区未央路中段西侧赛高国际5幢1单元21层002106室
生 产 地 址：陕西省西安市三桥蔺高工业园区金桥路9号
有　效　期：2012年06月11日至2017年06月10日
发 证 日 期：2012-06-11
产 品 名 称：微生物（Ⅰ）（Ⅱ）：枯草芽孢杆菌、植物乳杆菌、产朊假丝酵母、沼泽红假单胞菌

陕西美原生物科技有限公司
许可证编号：饲添（2012）3163
注 册 地 址：陕西省咸阳市三原县大程镇美乐街中段
生 产 地 址：陕西省咸阳市三原县大程镇美乐街中段
有　效　期：2012年06月11日至2017年06月10日
发 证 日 期：2012-06-11
产 品 名 称：矿物元素及其络（螯）合物（Ⅰ）：甘氨酸铜络（螯）合物、甘氨酸铁络（螯）合物、吡啶甲酸铬；矿物元素（Ⅱ）：烟酸铬；调味剂（Ⅱ）：糖精钠

宝鸡博迪生物科技有限责任公司

许可证编号：饲添（2012）2222
注 册 地 址：陕西省凤翔县城关镇马家庄
生 产 地 址：陕西省凤翔县城关镇马家庄工业园
有　效　期：2012 年 06 月 11 日至 2017 年 06 月 10 日
发 证 日 期：2012 - 06 - 11
产 品 名 称：微生物（Ⅰ）（Ⅱ）：枯草芽孢杆菌、植物乳杆菌、酿酒酵母

陕西中科纳米材料股份有限公司

许可证编号：饲添（2012）1740
注 册 地 址：陕西省安康市旬阳县城关镇鲁家坝社区
生 产 地 址：陕西省安康市旬阳县城关镇鲁家坝
有　效　期：2012 年 04 月 17 日至 2017 年 04 月 16 日
发 证 日 期：2012 - 04 - 17
产 品 名 称：矿物元素（Ⅰ）：氧化锌

图书在版编目（CIP）数据

饲料添加剂和添加剂预混合饲料生产许可证获证企业名录．2012/全国饲料工作办公室，中国饲料工业协会编．—北京：中国农业出版社，2013.10
ISBN 978-7-109-18374-2

Ⅰ．①饲…　Ⅱ．①全…②中…　Ⅲ．①饲料加工—农业企业—中国—2012—名录　Ⅳ．①F324.6-62

中国版本图书馆 CIP 数据核字（2013）第 225480 号

中国农业出版社出版
（北京市朝阳区农展馆北路 2 号）
（邮政编码 100125）
责任编辑　刘　伟　李文宾

中国农业出版社印刷厂印刷　　新华书店北京发行所发行
2013 年 11 月第 1 版　　2013 年 11 月北京第 1 次印刷

开本：889mm×1194mm 1/16　　印张：8
字数：286 千字
定价：38.00 元